네 개로 이루어진 복음서를 비교하여 읽다 보면 크고 작은 불일치와 모순을 발견하게 된다. 이러한 불일치와 모순은 조화되거나 해결될 수 있는 것인가? 만약 그렇다면 어떻게 가능한가? 이러한 질문들은 더 큰 고전적인 질문, 즉 '복음서는 역사적 사실인가?'와 맞닿아 있다. 성서학자와 신앙인 모두 이 질문과 씨름하지만 접근 방법과 그 깊이가 다르다. 『교회를 위한 성서학』이라는 제목이 잘 보여주듯이, 저자 안용성은 이 질문에 대한 성서학계의 최근 연구를 교회를 위한 언어로 친절하게 풀어놓았다. 물론 이 책은 복음서의 장르와 구술성에 대한 학문적 입문서로도 손색이 없다. 신앙적 질문과 학문적 엄밀함이 동행하고 공생할 수 있음을 보여주는 보물 같은 책이다.

권영주 | 한국침례신학대학교 신약학 교수

신학교에서 성서학 교수와 교회에서 목회자를 겸임해오면서 내가 사용한 나름의 생존 전략은 각각의 역할에 맞게 옷을 갈아입는 것이었다. 신학교 교수의 옷을 입고 현대 성서학의 자리에서 말하고, 설교 강단에 서서는 교인들이 성도의 영성을 함양하기 위해서 말한다. 본서의 저자인 안용성 박사도 이 두 가지 일을 감당해오고 있다. 그러면서 내가 감히 해보지 못했던 신학교 강단에서 논의하는 문제를 과감히 설교 강단의 질문으로 가져온다. 그는 이 질문을 신학생의 고민에서 출발해서 이제는 시니어 신학자요 원숙한 목회자로서 풀어나간다. 그러면서 상식인이라면 누구나 이해할 수 있는 쉬운 어조로 설교 강단의 사람들을 설득해나간다. 진정으로 성서의 역사성에 대해 고민하는 사람이나, 혹은 이 질문에 조금이라도 관심이 있는 사람이라면 이 책을 읽으면서 저자의 정연한 논리와 겸허한 태도에 설복될 것이다.

김동수 | 평택대학교 신약학 교수, 한국신약학회 회상 역임

안용성 박사의 책을 반가운 마음으로 읽어 내려갔다. '성경 이야기가 역사적 가치가 있는가?'라는 오랜 질문에 대한 답을 제시하고 있기 때문이다. 이 책은 신앙과 신학 사이에 놓인 해석학적 갈등을 해소시키는 소중한 시도다. 역사실증주의의 위험성을 극복하면서도, 성서학이 어떻게 역사적이어야 하는가를 아주 명백하게 서술한다. 역사적 진정성에 대한 저자의 신학적 고뇌를 매우 진솔하게 펼쳐내는 그 노력이 너무 고맙다. 신학을 시작하면서 성서의 역사성을 직면하며 때론 당혹해하고 고민하는 신학도들에게, 그리고 성서를 더 진지하게 연구하고자 하는 평신도들에게 해석학적 기준을 제공하는 매력적인 서적이다. 성경을 깊이 사랑하는 사람들 모두에게 꼭 읽히고 싶은 책이다.

김지철 | 미래목회와말씀연구원 이사장, 전 소망교회 담임목사

자신의 삶을 '하나님 나라'를 위해 헌신하겠다고 결단해서 신학대학을 선택한 자들은 한 학기가 지나가기 전에 대부분 큰 충격에 휩싸인다. 그것은 교회에서 배운 '성경무오설'에 대한 믿음과 대학에서 배우는 성경에 대한 이성·비평적 가르침이 충돌해서 일어나는 현상이다. 특히 '베어 팩트'(bare fact)에 입각한 실증주의적 관점과 복음서는 신앙적 기록이지 역사적 사실이 아니라는 불트만의 주장을 배운 학생들은 성경에 대한 역사성을 더욱 의심하게 된다. 이 이론들의 문제점에 대해 저자는 구체적이면서 평이한 문장으로 반론을 제시하며, 성경 기록이 '역사적 사실'임을 논증한다. 무엇보다 어려운 신학적 이론들을 아주 쉽게 설명한 저자의 문필력이 돋보인다. 성경의 역사성에 대해 의혹을 품거나 또는 성경의 기록에 대해 더 배우고 싶은 모든 분에게 이 책의 일독을 적극 추천한다.

류호성 | 서울장신대학교 신약학 교수

신학교에서 연구되고 있는 내용이 교회 현장에서 생겨나는 질문에 과연 적절한 대답을 줄 수 있을까? 아직 이 중요한 물음에 진지한 답을 제시한 사람이 거의 없었기에 늘 아쉬웠다. 그런데 이번에 신뢰할 만한 성서학자이면서 따뜻한 목회자이기도 한 저자가 '교회의 질문에 성서학적으로 답하는' 본격적인 시도를 했다. 주제는 매우 까다롭고 민감한 '성경의 역사성과 사실성' 문제다. 성경을 읽으면서 불일치와 모순으로 보이는 여러 난제에 맞닥뜨려 당황스러웠던 경험이 있는 모든 분에게 일독을 추천한다. 보수적인 신앙을 놓치지 않으면서도 더 깊이 있게 성경을 이해할 수 있는 단초를 찾아가는 긴장감 넘치는 여정 속에서 스스로의 믿음을 새롭게 점검하는 계기를 맞게 되리라 확신한다.

이두희 | 대한성서공회 번역담당 총무

이 책은 성서학 현장에서 소외되기 쉬운 목회 현장에 관한 성서학적 관심을 담았다. 그래서 이 책에는 성서학이 걸어온 길과 그 흔적들을 비전공자도 가급적 이해하기 쉽게 읽을 수 있도록 하는 노력이 담겨 있다. 어쩌면 이미 해당 내용들이 익숙한 전공 학자들에겐 '뻔하게' 여겨질 수 있는 모범적인 내용들이지만, 그 내용들을 접근하고 싶어하는 이들에게 'fun하게' 지식을 전달해주는 점에서 탁월함을 엿볼 수 있다.

이민규 | 성서대학교 신약학 교수

이 책은 지금까지 우리가 늘 접해왔던 평범한 책이 아니다. 신학적인 지식이 풍성하게 녹아든 저술일수록 교회 현장과의 갭(gap)이 더욱 분명해지고 깊어지는 경우가 많지만, 이 책은 오히려 교회 성도들 개개인의 성경에 대한 관심거리와 궁금했던 소소한 질문들에 대해 깊은 신학적 성찰과 학계의 연구 결과물들을 잘 활용하면서, 저자 자신의 목회적 경험에 기초하여 쉽고도 논리정연하게 답하고 있다. 저자는 '교회를 위한 성서학'이란 '교회의 질문에 성서학적 전문성을 갖춘 답을 제시하는 것'이라 정의 내리면서, "성경은 역사적 사실인가?"라는 교회의 질문에 대한 답을 제시하고자 시도한다. 교회 성도 누구에게나 유익한 필독서다.

정창교 | 대전신학대학교 신약학 교수

(신약)성서는 역사적 텍스트다. 우리는 역사적 인물과 사건을 끊임없이 텍스트 안에서 만난다. (신약)성서는 문학적 텍스트다. 수많은 인물과 사건이 텍스트의 시공간 속에서 기호/문자화되어 장르의 다채로운 옷을 입고 읽힌다. (신약)성서는 신학적 텍스트다. 성서 저자들이 하나님 신앙 안에서 자신의 프레임을 통해 그 인물들과 그 사건들을 소개하고 해석하며 의미를 전달한다. 『교회를 위한 성서학』은 이와 같은 삼중적 요소인 '역사와 문학', '역사와 신학', '문학과 신학'의 역동적 상호관계를 진솔하게 다룬다. 성서가 역사적 토양 속에서 신앙 공동체(교회)를 위한 문서로 구성되었기 때문이다. 성서가 학문의 세례를 받아 더욱 신앙 공동체 문서로 거듭날 수 있는 은혜가 있기 때문이다. 학자로서 교회 성도를 가르치고, 목회자로서 대학교/신학교 학생을 섬기고자 하는 저자의 정직하고 따뜻한 마음을 읽게 된다. 성도와 목회자는 열린 태도로, 학생과 신학자는 겸손한 자세로, 이 책을 읽어나갈 때 '교회를 위한 성서학'은 그 무엇보다 우리 안에서 이루어지리라.

허주 | 아신대학교 신약학 교수

교회를 위한 성서학

복음서는 역사적 사실인가?

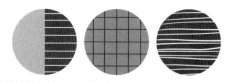

교회를 위한 성서학

안 용 성

복음서는 역사적 사실인가?

새물결플러스

목차

교회를 위한 성서학

19세기 말 한국에 처음 교회가 세워진 후 성서학은 엄청난 발전을 이루어왔다. 성서연구 방법론에 큰 변화가 여러 번 있었고, 성경을 읽는 관점이 다양해졌으며, 연구 주제가 지속적으로 확대되었고, 성서 배경사에 대한 지식도 꾸준히 발전해왔다. 그러나 이러한 연구 결과가 교회로 흡수되어 평신도들의 신앙을 성숙시키는 데까지 나아가지는 못했다. 한국교회에서 선포되는 설교와 성경공부만을 놓고 보자면 성서학에 어떤 변화와 발전이 있는지, 아니 과연 발전이 있기는 한 건지 거의 감지되지 않을 정도다.

왜 그럴까? 성서학의 연구결과들이 교회에 수용되기 어렵도록 만드는 몇 개의 장애물이 있는데, 그 가운데 하나가 (내가 보기엔 가장 큰 것이) 성서의 사실성 문제다. 대부분의 한국교회는 성경이 문자 그대로 사실이라고 가르치고 대다수의 교인이 그렇게 믿는다. 그러나 성서학계에서는 그렇지 않다. 특히 20세기 이후 서구의 주류 성서학에서는 성서의 사실성에 대해 회의적인 분위기가 지배적이었다. 이렇게 교회와 학계 사이의 견해 차이가 클 뿐 아니라 오늘날 성서학의 중심은 역사적 연구에 초점이 맞추어져 있기 때문에 그 연구 결과가 그대로 교회에 소개되기는 어려웠다.

이것은 평신도의 문제이기 전에 목회자의 문제다. 많은 신학교의 1학년 커리큘럼에는 신약이든 구약이든 성서학 개론 과목이 있다. 비평적 성서학을 가르치는 신학교에서 학생들은 첫해에 성서의 사실성 문제에 부딪히게 된다. 적지 않은 학생들이 여기서 좌절하여 처음부터 성서학에 마음을 닫아버린다. 좀 더 적극적으로 성서학 강의를 듣는 학생들 가운데서도 성서의 사실성 문제를 온전히 정리하지 못한 채 졸업하는 이들이 많다. 정리가 되지 않았으므로 평신도들에게 적절히 안내하기도 어렵다. 그러다 보니 목회자들에게 성서의 사실성 문제는 건드리기를 꺼리는 뜨거운 감자가 되어버렸다.

그루터기교회에서 담임목회를 시작한 후 나는 소그룹 성경공부나 작은 대화 모임에서 성서의 사실성과 관련한 질문이 나오면 피하지 않고 적극적으로 다루어 보고자 했다. 그리고 언젠가는 이 주제를 강단 위에 올려 보리라 마음먹고 있었다. 담임목회 10년째 되던 해에 처음으로 설교와 성경공부에서 이 문제를 다루었다. 코비드 팬데믹과 함께 시작된 창세기 연속 설교와 요한복음 연속 설교에서였다. 설교문으로 성경공부 교재를 만들어 사용하면서 몇 번의 기회가 더 있었다. 그 과정에서 이어진 교우들과의 토론은 이 문제를 교회의 상황에 비추어 다시 숙고하고 정리하는 데 큰 도움이 되었다.

성서의 사실성 문제는 대학교의 기독교학과에서 신약성서 수업을 듣는 학생들에게도 마찬가지로 큰 고민거리다. 내가 강의하고 있는 서울여자대학교의 〈복음서와 예수〉, 〈신약성서의 세계〉 수업에서도 이 주제가 종종 부각되고, 그때마다 뜨거운 토론이 이어지곤 한다. 팬데믹 기간에 강의를 영상으로 제작할 기회가 두 번 있었다. 첫해에는 영상 제작을 배워가며 어설프게 만들었고, 둘째 해에는 좀 더 깔끔하게 만들어서 유튜브 채널 〈안용성의 성서와 해석〉(https://www.youtube.com/@AhnBible)에 올렸다. 오프라인 수업에서 토론으로 다루던 주제를 온라인 강의로 제작하려다 보니 생각을 한데 모아 정리할 기회가 생겼다. 교우들과 학생들의 질문에 답하며 그들이 해결하기 어려워하는 고민들을 함께 끌어안고 씨름하는 가운데 이 책이 탄생하게 되었다.

사실 성서의 사실성 문제는 장로회신학대학교 신학과에 학부생으로 입학한 첫해부터 무엇보다 나 자신에게 가장 곤혹스러운 문제였다. 그 시절 성서학 교과서들은 대개 서구 성서학자들의 책을 번역한 것이었고, 성서의 사실성에 대한 부정적 판단을 포함하고 있었다. 교수들은 대다수가 보수적이어서 책에 담긴 내용에 비판적이었다. 자연히 나는 보수적인 교수들과 학문적인 성서학 서적 사이에서 고민할 수밖에 없었고 나에게는 교과서들이 더 설득력 있게 다가왔다.

그 책들 가운데 루돌프 불트만(Rudolf Bultmann)의 『공관복음서 전승사』와『신약성서신학』이 있다. 내용 자체가 어려운 데다가 번역까지 엉성해서 이해되는 문장보다 이해되지 않는 문장이 훨씬 더 많았다. 그렇게 띄엄띄엄 읽은 책들로 나의 성서관이 형성되었다. 성서는 사실성으로 평가해서는 안 되며 신앙은 역사적 증명 위에 세워지는 것이 아니다. 나는 여전히 이 생각 자체에 모순이 있다고 생각하지는 않는다. 성경의 어느 책들, 특히 역사 장르에 속하지 않는 책들에 대해서는 그러한 판단이 옳다. 그리고 그러한 견해 위에 믿음을 세워 신실하게 살아낸 훌륭한 신앙인들이 적지 않음을 잘 알고 있다.

그러나 이 책의 많은 부분은 불트만에 의해 형성된 전제들을 걷어내는 일에 할애되어 있다. 적어도 복음서(그리고 누가복음의 연작으로 저술된 사도행전)에 관한 한 나의 생각이 달라졌기 때문이다. 그 변화의 핵심은 성서의 역사적 사실성에 관해 더 긍정적인 견해를 가지게 된 것이다. 그리고 복음서의 역사성은 기독교 신앙의 본질과 관련된 문제임을 재확인하게 된 것이다. 이러한 변화는 20세기 말부터 신약성서 학계에서 확산되고 있는 새로운 연구들을 접하면서 이루어졌다. 그것은 성서학 내에서는 보수적인 흐름에 속하는 것으로서, 한편으로는 고대 그리스-로마의 전기(biography)와 역사(historiography)에 대한 연구, 그리고 다른 한편으로는 구술성(orality) 연구에 터하여 복음서의 사실성을 지지하는 흐름이다.

나를 그러한 연구로 이끈 가장 큰 계기는 목회 경험이었다. 그루터기교회 교우들과의 대화가 나의 질문을 더 예리하게 만들어주었고,

그 질문에 따른 모색이 이 책으로 결실을 맺었다. 성서학의 숙고가 목회 경험을 거쳐 숙성된『교회를 위한 성서학』의 한 시도라 할 수 있다. 교회를 위한 성서학이란 '교회의 질문에 성서학적 전문성을 갖춘 답을 제시하는 것'이라 생각한다. 그리고 거기서 그치지 않고 그 일을 통해 교회의 질문 수준을 한 단계 끌어올릴 수 있을 때 이 책은 본연의 임무를 다한 것이라 믿는다. 이 책이 "성경은 역사적 사실인가?"라는 교회의 질문에 답하고 그 질문의 수준을 한 단계 끌어올리는 데 기여할 수 있기를 기대한다.

이 책이 나오기까지 함께 수고해주신 분들이 많다. 책의 집필은 주로 2023년 봄 3개월간 그루터기교회로부터 얻은 설교휴식 기간에 이루어졌다. 설교자가 없는 3개월의 기간을 잘 참고 기다려주신 모든 교우께 감사한다. 구비문학 전문가인 상명대학교 길태숙 교수와 성서의 구술성에 관해 대화를 나눌 기회가 있었는데, 그 대화에서 얻은 통찰과 김 교수가 소개해준 자료들이 이 책 4장의 씨앗이 되었다. 서울대학교의 조동준 교수(정치외교학과)는 몇 가지 구하기 힘든 자료를 읽을 수 있도록 도와주었다. 고대 그리스-로마 문헌과 역사의 전문가인 이두희 박사(대한성서공회 번역실장)는 초고를 읽고 한국교회의 맥락에서 유용한 조언을 해주었다. UC-산타바바라에서 역사학 박사논문을 작성 중인 민정기 ABD는 역사학의 기초 정보들을 점검해주었고 독자의 입장에서 유용한 질문들을 제기해주었다. 장로회신학대학교 대학원생인 강윤주 목사, 윤소연 목사, 임대봉 전도사도 목회자이자 신학생의 입장에서 초고를 읽고 평가해주었다. 같은 학교 신학대학원생인 유민서 전도사와 이수복 전도사는 저술에 필요한 자료들을 적시에 구해 볼 수 있도록 매우 큰 도움을 주었다. 대한성서공회 성서학자료실의 조가희 선생은 온라인으로 구하기 힘든 자료들을 읽을 수 있게 해주었다. 그루터기교회 경현민 집사는 조판 원고의 마지막 교정 과정에 세밀한 손길을 더하여 이 책을 더 깔끔하게 만들어주었다.

이 책을 위해 자료조사를 하면서 복음서의 역사성에 관련된 최근 논의를 소개하는 일에 새물결플러스가 단연 앞서 있음을 알게 되었다. 정성을 다해 졸고를 책으로 탄생시켜주신 김요한 대표와 왕희광 편집장, 정인철 편집자에게 깊은 감사를 드린다. 이 책 가운데 많은 부분의 집필은 설교휴식 기간 아내와 함께 카페에서 보내는 시간에 이루어졌다. 사랑하는 아내 윤경희 그리고 어려운 시절 청년으로서 성실하게 인생의 길을 모색해가고 있는 믿음직한 두 아들 희상과 지상의 응원에 힘입어 이 책을 마무리할 수 있었다. 이 책은 학생 시절에 뿌린 씨앗이 신학자로서의 삶을 통해 성장하고 담임목회의 경험을 통해 성숙하여 맺어진 열매다. 그 결실의 과정에 함께 해주신, 그리고 부족한 담임목사를 늘 품어주고 격려해주시는 그루터기교회의 사랑하는 모든 교우께 이 책을 바친다.

성경은 역사적 사실인가?

성경에 기록된 내용은 모두 역사적 사실일까? 이것은 매우 중요한 질문이다. 많은 사람에게서 '성경이 사실이냐?' 하는 질문은 곧 '성경이 믿을 만한 책이냐?' 하는 질문이기도 하기 때문이다. 만일 성경이 사실이 아니라면 그것은 많은 기독교인의 신앙의 근거를 허무는 일이될 것이다. 이 책은 그 중요한 질문을 다루고자 한다.

많은 독자들이 성경의 사실성을 놓고 고민해본 경험이 있을 것이다. 그러한 고민은 먼저 하나님이 정말 존재하는가 하는 가장 근본적인 문제로부터 시작해서, 성경을 열자마자 나오는 한 주간의 천지 창조, 여러 가지 기적들, 그리고 예수님의 동정녀 탄생이나 부활과 같이 현대 과학의 상식으로 받아들이기 힘든 내용으로 인해 생겨난다. 이런 고민은 대개 신앙이 깊어지고 하나님과 영적 세계에 관해 더 잘 알아가면서 자연스럽게 해결되는 경우가 많다. 믿어지지 않던 것이 믿어지는 경험을 하게 되는 것이다.

그러나 그런 방식으로 해결되지 않는 문제도 있다. 그것은 성경 본문들 사이에 존재하는 사실적 불일치다. 성경을 펼쳐 들고 가장 먼저 나오는 창세기를 읽어보자. 성경을 주의 깊게 읽는 독자들은 창세기 1장과 2장에 나오는 두 창조 이야기 사이에 사실적 불일치가 있음을 발견할 것이다. 창세기 1장에 의하면 하나님은 창조 여섯째 날 먼저 "말씀으로" 동물들을 만드신 후에 사람을 남자와 여자로 지으셨다(1:24-27). 그러나 창세기 2장으로 가보면 하나님이 먼저 아담을 흙으로 빚어 만드신 다음에(2:7), 동물들도 "흙으로" 빚어 만드셨고, 그 다음에 여자를 만드셨다(2:18-23). 두 가지 차이가 있음을 알 수 있다. 먼저 동물을 만드신 방법 또는 재료가 다르다. 창세기 1장에서 하나님은 말씀으로 동물을 만드셨는데 2장에서는 흙으로 만드셨다. 창조의 순서에도 분명한 사실적 불일치가 있다. 그 순서를 간단히 도표로 정리하면 다음과 같다.

창세기 1장	창세기 2장
동물 ⇨ 사람	남자 ⇨ 동물 ⇨ 여자

성경을 계속하여 읽어가다 보면 이처럼 사실적 불일치를 보이는 본문들을 적잖이 발견하게 된다. 그 가운데 몇 가지만 뽑아서 살펴보자. 출애굽기를 보면 호렙산에서 모세에게 나타나신 하나님이 자신의 이름을 "여호와"로 알려주시며, 그의 조상 아브라함과 이삭과 야곱에게

는 여호와라는 이름을 알리지 않으셨다고 말씀하신다(출 6:2-3). 그러나 창세기에서 아브라함은 처음 부르심을 받고 가나안으로 이주한 직후부터 이미 여호와의 이름을 부르고 있었다(창 12:8). 그뿐 아니라 그의 가족들과 후손 이삭과 야곱도 계속하여 여호와의 이름을 불렀다. 이렇듯 창세기에는 이미 여호와라는 이름이 계속하여 등장한다.

출애굽한 이스라엘의 가나안 정복에 관한 여호수아서의 서술을 보면 이스라엘이 여호수아의 지휘하에 가나안 땅 대부분을 짧은 기간에 완전히 정복한 것처럼 보인다(수 11:16-23). 그러나 사사기 1장을 보면 여호수아가 죽은 후에도 가나안의 많은 지역이 정복되지 않은 채 남아 있었다. 사사기를 읽어보면 이스라엘은 오랜 정착 과정을 통해 가나안 땅에 점차적으로 자리를 잡아 갔다는 인상을 받게 된다.

다윗의 이야기에도 사실적으로 조화시키기 어려운 내용이 간혹 나타난다. 사무엘상 16장을 보면 사울 왕은 악한 영에 괴롭힘을 받을 때 도움을 얻기 위해 수금 타는 자를 찾게 되고, 다윗을 처음 소개받아 데려온다(삼상 16:17-19). 다윗의 수금 연주는 효과가 있었다. 다윗은 사울의 무기를 들고 다니는 사람이 되었으며 사울은 그를 매우 사랑했다(삼상 16:14-23). 그런데 바로 다음 장에 이어지는 다윗과 골리앗 이야기에서 사울과 그의 신하들은 다윗이 누구인지 알지 못한다(삼상 17:55-58). 열왕기와 역대기의 역사 기록을 비교해보면 왕들에 대한 평가가 다른 경우를 종종 보게 된다. 신약으로 넘어오면 사복음서 사이에서 그리고 사도행전과 바울 서신 사이에서 사실적으로 다른 서술을 보게 된다.

성경 안에 존재하는 이러한 사실적 불일치를 어떻게 이해해야할까? 이러한 질문은 시간이 지난다고 해서, 교회를 오래 다닌다고해서 저절로 해결되지 않는다. 이해할 만한 설명이 필요하다. 이 질문을 해결하기 위한 한 가지 지침은 성경이 오랜 기간에 걸쳐 기록된다양한 장르의 책들의 모음집임을 인식하는 것이다. 따라서 성경의사실성에 대한 평가는 그 책이 저술된 시대에 따라 그리고 책의 장르에 따라 다른 기준이 적용되어야 한다. 사실성의 정도는 책의 장르에따라 다르며 사실의 개념도 시대에 따라 다르게 변화되어왔기 때문이다. 이 책에서는 신약성서의 사복음서에 초점을 맞추어 이 질문에대답해보고자 한다.

서론에서는 기독교 내에 양분되어 있는 성경의 사실성에 대한입장을 간단히 대별해보고 그 맥락에서 이 책의 목표를 제시한다. 본론으로 들어가서는 복음서 본문 관찰(1장)에서 시작하여 이와 관련된 논의를 차례로 이어갈 것이다. 사실에 대한 이해가 시대에 따라 변화해왔음을 확인하고, 기원후 1세기 지중해 연안 세계의 사실 이해에기초하여 복음서의 역사성을 평가해보고자 한다(2장). 그 일과 관련하여 그리스-로마 전기와 비교하여 복음서의 장르를 규명해볼 것이다(3장). 이 책의 후반부(4-5장)에서는 복음서의 역사성을 가늠하는데 중요한 지표가 될 수 있는 복음서의 구술성 문제를 살펴볼 것이다. 20세기 서구 성서학에서 한동안 큰 영향을 미쳐온 불트만과 양식사

학파의 입장을 비판적으로 조명하고 복음서의 구술성을 설명해주는
더 나은 대안들에 기초하여 복음서의 역사성을 탐구해볼 것이다.

실증주의의 확산

앞에서 간단히 예를 든 것처럼 성경에 사실적으로 정확하지 않은
내용이 담겨 있음을 알고 나면 우리는 적잖은 질문과 혼란에 빠지
게 된다. 그것은 성경의 사실성이 우리에게 그만큼 중요한 문제이기
때문이다. 사실성을 강조하는 지적 분위기는 19-20세기 실증주의
(positivism)로 이어진 일련의 역사적·사상적 변화들로 인해 더 강화되
었다. 실증주의는 관찰과 경험에 근거한 지식만을 진정한 지식으로
인정하는 서양철학의 한 사조인데, 근대와 함께 시작된 과학혁명과
18세기 산업혁명 등의 사회적·물적 변화, 계몽주의·합리주의·경험
주의 등으로 이어진 사상계의 변화가 실증주의의 탄생에 큰 영향을
미쳤다.

　　실증주의를 하나의 철학 개념으로 정립한 사람은 19세기 초의
콩트(Auguste Comte, 1798-1857)다. 콩트는 인류의 인식이 역사적으로
① 신화적-신학적 단계, ② 형이상학적 단계, ③ 실증적 단계로 발전
해왔다고 주장했다. 콩트의 3단계론에서 신학은 신에 근거하여 사물
을 설명하는 인류 역사 중 가장 미숙한 시대의 인식 방법이다. 그다

음으로 이어지는 형이상학적 단계는 신을 개입시키지 않지만 여전히
눈에 보이지 않는 본질을 추구하므로 아직 충분히 성숙한 것은 아니
다. 콩트는 거기서 한 단계 더 나아가 감각 경험과 실증 데이터를 중
시하는 실증주의가 형이상학적 단계를 대체해야 한다고 주장했다.[1]

콩트의 실증주의는 그 후 논리실증주의로 발전했고, 분석철학과
같은 철학사조를 비롯하여 자연과학과 인문사회과학의 다양한 분야
로 확대되었으며 학계뿐만 아니라 일반 대중 사이에서도 현대인들의
사고방식에 매우 큰 폭으로 영향을 미쳤다. 그래서 '실증주의'는 좀
더 넓은 의미로, 곧 형이상학적 사고를 배격하고 관찰과 실험을 통한
과학적·경험적 지식을 강조하는 현대 사상의 일반적인 흐름을 가리
키는 의미로 사용되기도 한다.

넓은 의미의 실증주의적 사고방식에서 어떤 일이나 말이 진실로
인정받기 위해서는 그것이 과학적 사실 또는 역사적 사실로 입증되
어야 한다. 과학적 사실이란 관찰을 통해 입증하거나 실험을 통해 재
현할 수 있는 사실을 말하며, 역사적 사실이란 역사가가 사료 비평을
통해서 그 인과관계를 경험적으로 규명할 수 있는 과거의 사실을 가
리킨다고 정의할 수 있다.

---

1 Johannes Hirschberger, 강성위 역, 『서양철학사(하): 근세와 현대』(대구: 이문출
판사, 2012), 710-11.

보수 신학의 대응: "성경은 사실이다"

콩트의 3단계론에서 짐작할 수 있듯이 실증주의는 기독교 신앙에 큰 도전이 되었다. 실증주의자들의 주장에 따르면 신학은 인류 역사의 가장 미개한 단계에 속한 것으로 신화와 동일시되었으며, 기독교 신앙은 실증적 사실에 기초하지 않은 허무맹랑한 것으로 치부되었기 때문이다. 특히 기독교 신앙의 토대가 되는 창조와 부활 그리고 성경에 종종 서술되는 기적들은 과학적으로 입증될 수 없는 허위로 간주되었다. 이에 대해 기독교 신학은 어떻게 대응했을까?

실증주의에 대한 기독교의 반응은 양극단으로 나타났다. 먼저 보수적인 교회와 신학은 기독교 신앙이 신화가 아니라 사실에 근거한 것이라는 주장으로 실증주의에 정면 대응했다. 그러한 대응은 성경에 기록된 모든 내용이 역사적·과학적 사실임을 입증하려는 노력으로 이어졌다. 이것을 편의상 성경 내적 시도와 외적 시도로 나누어 보자. 먼저 성경 내적으로 많은 책을 역사 장르로 간주하는 경향이 강화되었다. 그리고 성경의 책들 간에 나타나는 사실적 불일치로 보이는 내용들이 사실은 불일치하는 것이 아님을 증명하려는 시도들이 이어졌다.

성경의 사실성을 뒷받침하는 과학적·물적 근거들을 성경 밖에서 찾아내려는 시도들도 계속되었다. 예를 들어, 여호수아가 아모리 연합군과 전투하는 중 태양이 하루 동안 움직이지 않았다는 여호수아 서술(수 10:12-13)의 증거를 찾아낸다든지, 튀르키예 아라랏산 정상부에서 노아의 방주가 발견되었다든지, 미국의 그랜드캐니언이 노아 홍수의 결과로 만들어졌다든지 하는 주장들을 들 수 있다. 창조과학회가 이러한 시도를 대표하는데, 그러한 시도는 성경의 사실성을 입증하기 위해 자연과학의 연구 결과를 부정하는 것으로 나타나기도 한다. 젊은 지구론이 좋은 사례다. 오늘날 과학계의 일반적인 견해에 반하여 창조과학회는 지구의 나이가 6천 년보다 많지 않다고 주장한다. 이는 어셔 대주교(James Ussher, 1581-1656)가 구약성경을 문자적으로 읽어 창조가 기원전 4004년에 일어났다고 주장한 것을 받아들인 결과다. 많은 독자에게 성경의 사실성을 입증하려는 이러한 시도들이 매우 익숙하게 다가올 것이다. 오늘날의 보수 개신교회에 널리 퍼져 있는 신념이고 시도들이기 때문이다.

오직 사실만이 진리로 받아들여지는 이 시대에 기독교인들이 성경을 사실이라고 믿는 것은 자연스러운 일이다. 그러나 여기에는 많은 부작용이 함께 따른다. 성경의 서술 가운데 오늘날의 과학 상식과 충돌하는 점들이 적지 않기 때문이다. 오늘날 과학계는 우주의 나이가 약 138억 년이고, 지구와 태양계의 나이는 약 46억 년이라고 본다. 그러한 과학 지식을 가지고 있는 사람들에게 젊은 지구론은 설득력이 없다. 태양이 하루 동안 멈추었다는 말은 지구의 자전이 하루 동안 멈추었다는 뜻인데, 그 역시 받아들이기 힘들다. 성경의 문자적 해석과 과학이 충돌하는 사례는 이 외에도 많다.

성경의 서술이 오늘날 과학의 연구 결과와 불일치하는 점이 많다는 것을 인식하면서도 성경은 과학적 사실이라는 신념을 계속 밀고 나가는 것이 옳을까? 많은 그리스도인이 성경을 과학적·역사적 사실이라고 주장하는 이유는 사실만이 진실이라고 믿기 때문이다. '사실만이 진실'이라는 프레임은 실증주의에 의해 고착화된 것이다. 실증주의를 거부하면서도 실제로는 실증주의의 프레임 안에 갇혀 있는 것이다. 성경을 실증주의의 기준에 맞추려 하기보다 오히려 실증주의의 한계를 넘어설 수 있는 길을 찾아야 하지 않을까?

주류 성서학의 대응: "사실의 범주를 벗어나자"

실증주의에 대한 보수 교회의 대응은 기독교의 전통적 신념을 강화하고 기독교인들을 교회 밖의 '세상'에 대항하여 내부적으로 결속시키는 역할을 하기는 했지만, 그러한 주장이 일반 지성계에서 설득력을 얻지는 못했다. 그 결과 기독교는—실증주의자들이 주장하는 대로—지성인들이 받아들이기 힘든 '편협하고 비지성적인 종교'로 전락하는 위기에 처하게 되었다. 이러한 상황에서 서구의 성서학계는 보수 교회와 반대되는 방식으로 대응했다. 사실성을 인정받기 어려운 내용을 사실이라고 무리하게 주장하기보다 오히려 철저한 역사비평을 통해 성경 안에서 사실과 사실이 아닌 것을 정확히 구별해내고자 한 것이다. 그리고 사실이 아닌 내용이 어떻게 성경에 담기게 되었는지를 설명하고자 했다.

예를 들어 성서학자들은 사복음서 사이에 나타나는 사실적 차이를 복음서 형성 과정에 기반하여 역사적으로 설명하려 했다. 역사적으로 예수의 공생애는 기원후 30년경에 이루어졌으나 최초의 복음서인 마가복음은 그로부터 약 40년이 지난 후에 완성되었다. 그 기간에 예수의 말씀과 행적은 제자들에 의해 구술되었고, 다양한 공동체에 의해 기억되고 전달되었으며, 단편 저술 과정을 거친 후 그 문서들이 모아져 최종 형태의 복음서로 완성되었다. 그 과정에서 사실과 다른 내용이 포함되었다는 것이 성서학계의 일반적인 견해다.

이와 함께 성서학자들은 보수 교회와는 다른 방식으로 성경의 진실성을 보호하려고 시도했는데, 그것은 성경이 문자적인 사실성과 무관하게 초월적인 하나님의 말씀을 매개할 수 있음을 보이고자 한 것이다. 성경 안에는 역사적 사실만 담겨 있는 것이 아니라 시와 비유와 묵시와 지혜를 비롯한 다양한 장르의 책들이 포함되어 있다. 이 책들이 하나님의 말씀이 되는 것은 단지 그것이 사실이기 때문만은 아니다. 예를 들어, "탕자의 비유"(눅 15:11-32)가 사실이라고 믿는 사람은 없을 것이다. 그것은 하나님과 우리의 관계를 하나의 이야기로 빗대어 설명한 것이다. 그러나 탕자의 비유가 사실이 아니라 해서 그것이 하나님의 말씀이 되는 데 어떤 결격사유가 있는가? 이처럼 역사적 사실성이 성경이 하나님의 말씀이 되는 절대적 기준이 될 수 없다면 우리는 성경의 사실성에 대해서 좀 더 유연한 태도를 가질 수 있지 않을까?

성서학은 한편으로 실증주의의 사실관을 받아들여 이 시대의 사조와 조화를 이루면서 동시에 사실성을 초월하는 다른 진리의 범주를 찾음으로써 실증주의의 공격을 피하고 성서의 가치를 지켜낼 수 있었다. 이를 통해 성서의 합리적인 연구가 가능해졌고, 신학이 현대 지성계에서 퇴출되지 않은 채 학문의 한 분야로 인정받을 수 있었다. 그러나 그와 함께 나타난 부작용도 적지 않았다. 성서를 사실과 다른 범주로 이해하려는 태도가 지속되다 보니 성서의 사실성에 대한 관심이 약해지고 나아가서 성서 전체의 사실성에 관해 회의적인 태도가 심화된 것이다.

물론 성서학자들 사이에서도 성서의 사실성에 대해 다양한 입장이 공존한다. 한편에는 성서의 사실성에 무게를 두고 어떤 본문의 내용이 사실이 아니라고 입증되지 않는 한 사실로 받아들여야 한다고 보는 보수적인 입장이 있고, 다른 한편에는 본문이 사실이라는 것이 입증되기 전까지는 사실로 받아들이지 않으려 하는 회의적인 입장이 있다. 대부분의 학자가 그 사이 어느 지점에 존재한다.

나는 그 중간 지점에서도 성서의 사실성에 무게를 두는 보수적 입장에 좀 더 가까이 있다. 이 책의 목적은 그 지점에서 교회와 성서학을 중재하는 것이다. 중재자의 일차적인 과제는 쌍방이 서로를 이해할 수 있도록 돕는 일일 것이다. 먼저 나는 이 책을 통해 보수적인 한국교회가 성서학자들에 대해 가지고 있는 의심과 두려움을 거두어 낼 수 있기를 기대한다. 성서학자들의 회의적인 태도는 단지 믿음이 없어서 그런 것이 아니라 그럴 만한 이유가 있기 때문이다. 그리고 그러한 방법으로 그들은 이 시대 지성인들의 세계에서 기독교 신앙을 지켜내기 위해 최선을 다하고 있다.

다른 한편으로 성서학자들이 보기에 이 책은 하나의 보수적인 논제가 될 것이다. 이 책은 최근 성서학의 복음서 연구에서 일어나고 있는 일종의 '보수적인 전회'(conservative turn)를 반영하며 그러한 흐름을 소개하고 지지한다. 그것은 나 자신 안에서 일어나고 있는 변화이기도 하다. 나는 이러한 전회를 통해 성서학이 좀 더 교회와 가까이 할 수 있는 학문으로 변화하기를 기대한다. 이렇게 보수적인 교회와 진보적인 성서학이 서로를 향해 한 걸음씩 이동해서 가까워지게 하고 만나서 친해지게 하는 것이 이 책의 목표다.

1장

사복음서의 차이

성경에 나타나는 사실적 불일치를 어떻게 받아들여야 할까? 서론에서 제기한 이 질문에 답하기 전에 과연 어떤 본문들이 여기에 해당하는지 좀 더 상세히 조사해보는 것이 좋을 듯하다. 그리고 나서 그것을 어떻게 이해할 수 있을지 생각해보기로 하자. 사실적 불일치가 있는지 알아보는 가장 좋은 방법은 동일한 사건이 중복 보도될 때 그 서술을 비교해보는 것이다. 이 점에서 신약성서의 사복음서가 가장 좋은 자료가 될 수 있다. 사복음서는 예수 그리스도의 말씀과 행적을 전기의 형식으로 담아낸 4개의 서로 다른 버전으로서 함께 비교해서 볼 수 있는 내용이 많이 담겨 있기 때문이다.

사복음서는 동일한 인물인 예수의 이야기이고 비슷한 시기, 곧 예수의 공생애를 전후하여 일어난 사건들을 다룬다. 특히 '공관복음'이라 불리는 마태복음, 마가복음, 누가복음은 중복되는 내용이 많아 비교하기 좋다. 실제로 비교해보면 대동소이하고 세부 서술에 차이가 있더라도 큰 문젯거리는 아닌 경우가 많다. 그러나 일부 사례에서는 설명이 필요한 또는 설명하기 어려운 사실적 불일치가 발견되기도 한다. 그런 사례들을 편의상 둘로 나누어 먼저 배열 순서에 주목하여 살펴보고, 이어서 세부적인 서술이 다른 경우를 검토해보기로 하자.

배열 순서의 차이

비슷한 사건이 예수 생애의 서로 다른 시점에 일어난 것으로 서술되거나 사건들의 발생 순서가 책에 따라 다른 경우가 있다. 하나씩 살펴보자.

성전 개혁

요한복음에 의하면 예수의 성전 개혁 사건은 공생애 초기에 일어났다. 요한복음 2장에서 예수는 공생애를 시작하신 지 얼마 지나지 않은 시점에 예루살렘에 올라가 성전에 들어가셔서 장사하는 사람들을 쫓아내신 후, "이 성전을 허물어라. 그러면 내가 사흘 만에 다시 세우겠다" 하고 말씀하셨다(2:13-22). 그때부터 예수님은 유대 지도자들의 감시 대상이 되셨고, 둘 사이의 갈등은 갈수록 더 깊어져 간다. 요한복음에서 성전 개혁은 예수와 유대 지도자들 사이의 갈등의 시작이었다.

공관복음에 의하면 성전 개혁은 공생애 마지막 기간, 곧 수난주간에 일어난 일이다(마 21:12-17; 막 11:15-19; 눅 19:45-48). 공생애 전체를 통해 예수와 유대 지도자들 사이에 갈등이 심화되어왔고, 성전 개혁은 그 갈등의 정점으로서 예수를 십자가에 처형하는 직접적인 계기가 된다. 예수께서 붙잡히신 후 산헤드린에서 심문당하실 때 예수를 고발한 자들은 그가 "자기 손으로" 성전을 허물고 다른 성전을 사흘 만에 세우려 했다고 증언한다.

성전 개혁 사건은 공생애 초에 일어났을까, 수난주간에 일어났을까? 아니면 두 번 일어났을까? 한 번 일어났다면 요한복음과 공관복음이 동일 사건을 다르게 보도한 것이 되고, 최소한 한 복음서는 사실과 다른 서술을 한 것이 된다. 그러나 비슷한 사건이 두 번 일어났을 수도 있다. 예수님이 공생애 중 두 번 성전 개혁을 하셨는데, 그 가운데 요한복음은 공생애 초에 일어난 사건만 보도하고 공관복음은 수난주간에 일어난 사건만 보도했을 수도 있다. 물론 논란의 여지는 있다. 성전을 뒤엎는 큰 사건으로 인해 예수는 요주의 인물이 되셨을 것이고, 그가 성전에 들어가실 때마다 성전 지도자들의 주목을 받으셨을 텐데 과연 그런 일을 두 번이나 벌이는 것이 가능했겠느냐고 질문할 수 있다.

베드로의 기적적 어획

베드로가 갈릴리 호수에서 기적적으로 많은 고기를 잡은 사건도 비슷한 사례다. 누가복음에 의하면 이 일은 공생애 초 예수께서 제자들을 불러 모으시던 시기에 일어났다(눅 5:1-11). 예수의 말씀을 따라 엄청난 양의 고기를 잡는 기적을 경험한 베드로는 예수 앞에 엎드려 죄인임을 고백하고, 그 자리에서 예수의 제자가 된다.

그러나 요한복음을 보면 이 사건은 예수의 부활 후에 일어났다(요 21:1-14). 예수께서 십자가에 돌아가신 후 베드로는 다른 여섯 제자와 함께 갈릴리 호수로 돌아가 그물을 내리지만 고기를 한 마리도 잡지 못한다. 동틀 무렵 부활하신 예수께서 그들 앞에 나타나시고 예수의 말씀에 따라 제자들은 153마리나 되는 많은 고기를 잡는다. 그에 이어 예수는 베드로에게 "네가 나를 사랑하느냐?" 하고 세 번 물으시고, 양떼를 먹이는 사명을 맡기신다.

베드로가 기적적으로 많은 고기를 잡은 사건은 한 번 일어났을까, 두 번 일어났을까? 이에 대해서도 앞의 사례와 같은 방식으로 설명할 수 있다. 이 기적이 두 번 일어났다고 본다면 사실성 논란을 피할 수 있다. 그런데 이 문제는 베드로와 안드레가 어떤 과정을 통해 예수의 제자가 되었느냐 하는 또 다른 문제와 연결되어 있으므로 단순하지 않다. 이에 대해서는 뒤에서 세부 서술의 차이와 관련하여 더 살펴보기로 하자.

예수께 향유를 부은 여인

한 여인이 예수께 향유를 부은 일이 있다. 이 사건은 앞에 나온 사례들보다 좀 더 복잡하다. 비슷한 사건이 두 개가 아니라 세 개의 버전으로 존재하기 때문이다. 마태복음과 마가복음에 의하면 이 일은 수난주간의 수요일에 일어났고(마 26:2, 6-13; 막 14:1, 3-9), 요한복음에 의하면 그보다 나흘 전에, 곧 종려주일 전야인 토요일 밤에 일어났다 (요 12:1-8). 누가복음에 의하면 그보다 훨씬 먼저 공생애 중에 일어났 다(눅 7:36-50).

이처럼 사건이 일어난 때로만 보자면 세 개의 서로 다른 버전이 있지만, 그 외에 다른 특징들을 함께 살펴보면 대개 두 개의 그룹으로 모을 수 있다. 사건이 일어난 시공간 배경으로 비교해보자면, 마태/마 가/요한은 이 일이 수난주간에 예루살렘 근처 베다니에서 일어난 것 으로 서술하고, 누가복음은 예수의 공생애 초기 갈릴리에서 일어난 것으로 말한다(눅 7:36-50). 향유를 부은 여인의 성격도 둘로 나뉘는 데, 마태/마가/요한에서 그 여인은 평범한 여염집 여자이나, 누가에 서는 죄 많은 여인이다.[1] 행동의 목적도 둘로 나뉜다. 마태/마가/요한

---

[1] 전통적으로 이 여인은 막달라 마리아이고 그녀는 전에 매춘부였다고 알려져 왔 다. 그러나 이것은 복음서가 말하는 바와 다르다. 요한복음에 의하면 그녀의 이름 이 "마리아"인 것은 맞으나, 막달라 마리아가 아니라 마르다와 나사로의 자매 마리 아다(요 11:1-2). 그 마리아와 막달라 마리아(요 19:25; 20:1, 11, 18)는 서로 다 른 사람이다. 누가복음 8장에 의하면 막달라 마리아는 예수의 제자단과 함께 이동 해 다니며 그들을 섬긴 여성 제자 가운데 하나다(눅 8:2-3). 그러나 마르다의 자 매 마리아는 자기 집에서 예수 일행을 맞이했다(눅 10:38). 누가복음은 7장에서 예수의 발에 향유를 부은 여인을 "죄인"으로 서술하지만 매춘부라고 명시하지는 않는다. 그녀가 "전에 매춘부였던 막달라 마리아"라는 정보는 6세기에 교황 그레 고리오 1세가 어느 설교에서 언급한 내용이 사실처럼 전달되어 내려온 것이다. 그 레고리오 1세는 이 여인이 전에는 남자들을 유혹하기 위해 자기 몸에 바르던 향 유 옥합을 깨어 예수의 발에 부음으로써 회개와 헌신을 표현한 것으로 설교했다고 한다. Gregory the Great, Dom Hurst, tr., *Gregory the Great Forty Gospel Homilies*

에서 여인은 예수의 장례를 준비하기 위해 향유를 부었지만, 누가복음에서는 죄 용서에 대한 감사의 표시로 그리했다.

	마가/마태	요한	누가
지역	베다니	베다니	갈릴리
여인	평범	평범	죄인
목적	장례	장례	죄 용서 감사
향유	머리	발	발
집	시몬(나병환자)	나사로	시몬(바리새인)

이렇게 보면 이 사건은 두 번 일어났고, 그중 하나를 마태/마가/요한이, 그리고 다른 한 사건을 누가가 보도하는 것처럼 생각할 수 있다. 그러나 실상은 그보다 좀 더 복합적이다. 왜냐하면 누가와 요한이 공유하는 특징도 있고, 누가와 마태/마가가 공유하는 특징도 있기 때문이다. 누가와 요한은 여인이 예수의 "발에" 향유를 부었다고 서술한다(눅 7:38; 요 12:3). 마태와 마가는 여인이 예수의 "머리에" 향유를 부었다고 서술한다(마 26:7; 막 14:3). 사건이 일어난 장소에 관해서도 마태와 마가는 "나병환자 시몬"의 집에서 일어났다고 말하고(마 26:6; 막

(Piscataway, NJ: Gorgias Press LLC, 2009), 268-69.

14:3), 누가는 "바리새인 시몬"의 집에서 일어났다고 말한다(눅 7:36, 40). 이름이 "시몬"이라는 점에서 마태/마가와 누가가 같다. 이처럼 특징적인 요소들이 세 버전에 교차하여 공유되고 있기 때문에, 두 사건이라 하더라도 정확히 어떻게 구별되는지 찾아내기는 쉽지 않다. 이상의 관찰을 위 도표와 같이 요약할 수 있다.

산상설교와 평지설교

마태복음 5-7장에는 예수님의 유명한 설교가 길게 담겨 있다. 예수께서 산 위에 올라가서 제자들을 가르치셨기 때문에 '산상설교'라 부르며, 다른 이름으로 '산상수훈' 또는 '산상보훈'이라 하기도 한다. 다음은 산상설교의 도입 부분이다.

> 예수께서 무리를 보시고 산에 올라가 앉으시니 제자들이 나아온지라. 입을 열어 가르쳐 이르시되 "심령이 가난한 자는 복이 있나니 천국이 그들의 것임이요"(마 5:1-2).

그와 병행하는 말씀들이 누가복음에는 6:20-49에 나온다. 누가복음에서 예수님은 이 설교를 평지에서 하셨다(6:17). 그래서 '평지설교'라 부른다. 다음은 평지설교의 도입 부분이다.

> 예수께서 그들과 함께 내려오사 평지에 서시니 그 제자의 많은 무리와

예수의 말씀도 듣고 병 고침을 받으려고 유대 사방과 예루살렘과 두로와 시돈의 해안으로부터 온 많은 백성도 있더라.…예수께서 눈을 들어 제자들을 보시고 이르시되 "너희 가난한 자는 복이 있나니 하나님의 나라가 너희 것임이요"(눅 6:17, 20).

두 본문은 병행하지만 산상설교가 평지설교보다 훨씬 더 길다. 마태복음에서는 산상설교에 묶여서 담겨 있는 내용 가운데 많은 구절이 누가복음에서는 평지설교가 아니라 다른 여러 곳에 흩어져 있기 때문이다. 예를 들어, 산상수훈에 나오는 '소금과 빛'에 관한 가르침(마 5:13-16)이 누가복음에는 평지설교가 아니라 14:34-35에 나온다. '이혼과 간음에 관한 교훈'(마 5:31-32)은 누가복음 16:18에 나온다. 산상수훈에 나오는 '주님의 기도'(마 6:9-13)가 누가복음에는 11:2-4에 나온다.

이처럼 산상설교를 마태는 예수께서 한자리에서 다 하신 것으로 서술하고, 누가는 여러 곳에서 여러 차례에 걸쳐 하신 것으로 서술한다. 이러한 차이를 어떻게 설명할 수 있을까? 만일 예수께서 같은 말씀을 여러 곳에서 여러 차례 반복하셨다면 문제가 되지 않을 것이다. 일종의 반복 교육으로서 말이다. 예를 들어, 주기도문을 공생애 초에 산 위에서 가르쳐주신 후에(마 6:9-13) 예루살렘으로 올라가는 길에 또 한 번 가르쳐주실 수도 있지 않겠는가?(눅 11:2-4) 설교의 장소가 산과 평지로 서로 다르다는 문제도 같은 방식으로 해결할 수 있다.

산상설교와 평지설교의 차이는 이렇게 보면 간단한 문제일 수 있다. 그러나 복음서 연구에 관해 조금 더 알고 나면 이 문제 역시 더 생각해야 할 점들이 있다. 마태복음과 누가복음 사이에 이용 관계가 있다는 것이 성서학계의 중론이기 때문이다. 자세히 살펴보면 산상설교와 평지설교에 함께 나오는 구절들이 동일한 순서로 배열되어 있고 자구적으로도 상당히 일치하는 것을 알 수 있는데, 보수와 진보를 포함하여 대다수의 성서학자는 그 구절들이 동일한 자료에서 왔다고 본다.[2] 이에 따르면 마태와 누가는 같은 자료에서 예수님의 설교를 가져왔으나, 그 설교들을 예수 공생애의 서로 다른 지점에 배치했고, 그 결과 두 복음서 사이에 사실적 차이가 만들어진 것이다.

---

2   이용 관계에 관한 이론 가운데 가장 많은 학자가 지지해온 것은 "두 자료 이론"(two source theory)이다. 이에 따르면 마태와 누가는 마가복음을 자료로 사용했으며, 그 외에도 함께 사용한 다른 자료가 있었다. 마가복음에는 없으나 마태복음과 누가복음이 공유하고 있는 본문들이 그 다른 자료에 속한다. 산상설교의 대부분이 여기에 포함된다. 지금까지는 그 본문들이 "Q"라 불리는 독립된 자료에서 왔다고 보는 학자들이 많았다. 그러나 소수이지만 마태복음이 가장 먼저라고 보는 입장(아우구스티누스, 그리스바흐)도 있고, 마가복음이 먼저라고 보면서도 Q를 가정하지 않고 설명하려는 견해들도 있다. 하나는 마가복음이 가장 먼저 기록되고 다음으로 마태복음이 기록된 후 누가가 마가복음과 마태복음을 함께 자료로 사용했다고 보는 파러(Fahrer) 가설이고, 다른 하나는 마태와 누가가 Q를 사용한 것이 아니라 제각기 수집한 구술 전승을 사용했다고 보는 입장이다. 제임스 던과 데이비드 웬함 같은 학자들이 후자에 속한다. James Dunn, 『예수와 기독교의 기원(상): 역사적 예수, 복음서의 예수 그리고 하나님 나라』(서울: 새물결플러스, 2010), 221-35과 David Wenham, 『복음은 어떻게 복음서가 되었을까?』(서울: 새물결플러스, 2021), 113-69을 참조하라.

고향 나사렛 첫 방문

예수님은 공생애 중 언제 고향 나사렛을 처음 방문하셨을까? 누가복음에 의하면 예수는 처음부터 고향 나사렛에서 공생애 사역을 시작하셨다. 누가복음 4장에서 예수는 안식일에 나사렛의 한 회당에 들어가셔서 이사야서의 한 구절을 봉독하셨다.

> 주의 성령이 내게 임하셨으니 이는 가난한 자에게 복음을 전하게 하시려고 내게 기름을 부으시고 나를 보내사 포로 된 자에게 자유를, 눈먼 자에게 다시 보게 함을 전파하며 눌린 자를 자유롭게 하고 주의 은혜의 해를 전파하게 하려 하심이라(눅 4:18-19).

이 구절을 읽으신 후 예수께서는 그 말씀이 그날 그들 가운데서 이루어졌다고 선언하셨다. 이것을 '예수의 취임 설교'라 부르기도 한다.

그러나 마태복음과 마가복음에 의하면 예수의 공생애는 나사렛에서 시작하지 않았다. 오히려 예수는 공생애가 상당히 진행된 후에 나사렛을 방문하셨다. 마태복음은 책의 중반부인 13:54에서 예수님의 첫 나사렛 방문을 서술한다. 고향 사람들은 예수님의 능력을 보면서 그의 달라진 모습에 놀란다(마 13:54-58). 마가복음도 그와 비슷하다(막 6:1-6). 동향인들이 예수의 변화를 보고 놀랐다는 사실은 그것이 예수의 첫 방문이었음을 재확인해준다. 이 점에서 마태/마가와 누가 사이에는 조화시키기 어려운 불일치가 있다.

예수의 첫 설교

예수의 공생애 첫 설교는 무엇이었을까? 누가복음을 보면 고향 나사렛 회당에서 하신 말씀(눅 4:16-30)이 예수의 취임 설교로서 공생애 첫 설교에 해당한다. 그러나 마태복음에서는 산상수훈이 예수의 첫 설교다. 마태복음을 보면 1-2장은 예수의 탄생과 어린 시절 이야기이고, 3장에 세례 요한과 예수의 세례 장면이 나온다. 4장에는 광야에서 40일간 금식한 후 사탄에게 시험 받으심과 제자들을 부르심을 포함하여 공생애를 시작하며 하신 일들이 서술된다. 그리고 5-7장에 예수의 첫 설교인 산상수훈이 담겨 있다.

작은 사례들: 베드로의 장모 치유, 예수의 제자 파송 등

그 외에 다른 작은 사례들을 더 찾아볼 수 있다. 예를 들어, 예수께서 제자 베드로의 장모를 찾아가 열병을 고쳐주신 사건이 누가복음에서는 베드로를 제자로 부르시기 전에 일어난 것으로(4:38-39), 마태복음과 마가복음에서는 베드로를 부르신 후에 일어난 것으로 서술된다(마 8:14-15; 막 1:29-31). 베드로의 장모가 열병에 자주 걸려서 예수께서 짧은 기간에 두 번 찾아가 고쳐주신 것일까?

예수께서 제자들을 부르셔서 교육과 훈련을 시키신 후 복음 선포를 위해 파송하시는 과정도 복음서마다 서로 다르게 서술된다. 마가복음과 누가복음을 따르면 예수는 공생애 초에 열두 제자를 부르셨고(막 3:13-19; 눅 6:13-16), 공생애 중 그들을 파송하셨다(막 6:7-13;

눅 9:1-6). 마태복음은 좀 다르다. 열두 제자를 부르시는 장면은 다른 공관복음서와 같으나(마 10:1-4), 다른 복음서에는 없는 긴 파송 교육 장면이 나온다(마 10:5-42). 그리고 제자들의 파송은 예수의 부활 후에야 비로소 이루어진다(마 28:18-20). 요한복음에는 열두 제자의 이름이 함께 언급되는 경우가 없고, 파송 장면도 없다.

이틀에 걸쳐 일어난 일이 하루에 일어난 것으로 합쳐진 사례도 있다. 마가복음 11장을 보면 예수는 종려주일에 예루살렘에 입성하신 후 성전을 둘러보시고 베다니에 가서 하룻밤을 지내셨다(막 11:11). 그리고 다음 날 아침 무화과나무를 저주하신 후 예루살렘에 들어가 성전을 개혁하셨다(11:15-19). 그러나 마태복음 21장을 보면 예수는 종려주일 예루살렘 입성(마 21:1-11) 후 바로 성전에 들어가셔서 장사하는 사람들을 내쫓으시고 돈 바꾸어주는 사람들의 상과 비둘기 파는 사람들의 의자를 둘러엎으셨다(마 21:12-13).

세부 서술의 차이

지금까지 사건들과 말씀들의 배열 순서에 나타나는 차이가 있는 구절들을 찾아보았다. 이번에는 사건이나 말씀의 세부적인 서술에서 복음서 간에 차이가 있는 사례들을 찾아보자. 이 경우는 배열 순서에서보다 사실적 불일치가 더 분명히 나타난다.

공관복음과 요한복음의 시공간 구조

공관복음과 요한복음을 비교해보면 예수가 보낸 공생애의 시공간 구조가 눈에 띄게 다른 것을 확인할 수 있다. 공관복음에 의하면 예수는 공생애 기간 대부분을 갈릴리에 머무시며 하나님 나라의 복음을 선포하셨고, 공생애 마지막의 짧은 기간(마가복음을 따르면 수난의 한 주간)에만 예루살렘에 올라가서 가르치시다가 십자가 죽음을 맞이하셨다. 공관복음에는 사건들이 짧은 시간 간격으로 배열되어 있어서 마치 예수의 공생애가 1년 안에 다 이루어진 것처럼 보인다. 누가복음의 경우 예수께서 어린 시절 예루살렘에 두 번 올라간 일이 기록되어 있으나 공생애에 관해서는 마태, 마가와 대동소이하다.

그러나 요한복음을 따르면 예수는 공생애 기간 여러 차례 갈릴리와 예루살렘을 오가며 활동하셨다. 예수는 유대인의 절기를 맞이하여 예루살렘에 네 번 올라가셨는데, 그 가운데 유월절이 세 번이고(요 2:13; 5:1; 12:12) 초막절이 한 번이다(요 7:2, 14). 예수의 공생애가 3년간 지속되었다는 일반적인 인식은 요한복음에 기초한 것이다. 공생애 중 유월절을 세 번 지내셨으므로 3년이라 본다.

공관복음과 요한복음의 시간적 차이에 관하여 제기되는 또 다른 질문 하나는 예수께서 십자가를 지시던 해의 유월절이 어느 요일에 시작되었느냐다. 공관복음에 의하면 예수님이 목요일 저녁에 제자들과 함께 드신 최후의 만찬은 유월절 만찬이었다(마 26:17; 막 14:12; 눅 22:7). 유대인들의 시간에서 하루는 저녁 해질 때 시작되므로, 그해 유월절은 목요일 저녁에 시작되었음을 알 수 있다. 예수는 유월절 첫날 제자들과 함께 만찬을 드신 후 깊은 밤에 붙잡히셨고 다음 날 오전 아홉 시경(제3시) 십자가에 못 박히셔서(막 15:25), 오후 세 시경에(제9시) 숨을 거두셨다(마 27:46-50; 막 15:34-37; 눅 23:44-46). 그러니까 공관복음에서 예수는 유월절 첫날에 십자가에서 죽임당하셨다.

그러나 요한복음은 조금 다르다. 요한복음 18:28 이하에는 대제사장 가야바가 예수를 신문한 후 총독 빌라도의 관저로 끌고 가는 장면이 나오는데, 여기서 유대인들은 관저로 들어가지 않고 대신 빌라도가 나와서 그들을 맞이한다. 그 이유는 유대인들이 유월절 음식을 먹기 전에는 율법에 따라 몸을 정결하게 유지해야 했으므로 부정한 이방인의 집에 들어가지 않으려 한 것이다. 공관복음에 의하면 예수님은 유월절 첫날에 붙잡혀 고난당하시고 십자가를 지셨다. 그러나 요한복음에 의하면 예수께서 붙잡혀 고초를 당하시던 그 시간 아직 유월절은 오지 않았다. 그날은 유월절 하루 전날 곧 유월절 준비일이었다(요 19:14). 유대인들은 그날 오후 열두 시경(제6시)부터 유월절 만찬에 사용할 양을 잡기 시작한다. 요한복음에서 빌라도는 열두 시경에 예수를 유대인들에게 넘겨주어 십자가에 못 박게 한다(요 19:14-16). 요한복음에 의하면 예수님은 유월절 전날인 양 잡는 날, 양 잡는 시각에 십자가에서 죽임당하셨다. 유월절 어린 양으로서 말이다.

그 외에도 공관복음과 요한복음 사이에는 다른 점들이 많은데, 그 가운데 어느 쪽이 역사적 사실에 더 가까울까? 한동안은 공관복음이 더 역사적 신빙성이 있고 요한복음은 역사적 사실의 기록으로 보기 힘들다는 입장이 지배적이었다. 요한복음은 공관복음보다 늦은 시기에 기록되었기 때문이다. 요한복음은 후대에 발전된 신학적 해석이 중심을 이루고 있으며 예수에 관한 역사적 사실을 서술하는 데는 별 관심이 없다고 보는 사람들이 많았다. 그러나 요즘은 요한복음의 역사적 신빙성에 관한 평가가 많이 달라졌다.

특히 예수 공생애의 시공간 구조에 관해서 요한복음의 서술이 실제 역사에 더 가까울 것으로 보는 학자들이 많다. 공관복음에 따르자면 예수의 공생애는 1년도 안 되는 짧은 기간에 이루어졌다. 그러나 갈릴리의 한 무명의 예언자로 시작한 예수의 활동이 널리 알려져 많은 사람이 그를 따르게 되고 그것을 위협으로 여긴 유대 지도자들의 적의가 쌓여 십자가 죽음으로 이어지기까지의 일련의 과정을 고려할 때 1년은 너무 짧다고 생각할 수 있다. 요즘처럼 정보가 빨리 전달되고 사회 변화가 신속하게 이루어지던 시대가 아니었기 때문이다. 그래서 요한복음이 말하는 대로 3년이 더 실제 사실에 가까울 것으로 보는 사람들이 많다.

베드로와 안드레를 제자로 부르심

공관복음과 요한복음이 사실적으로 서로 다르게 보도하는 사건들 가운데는 베드로와 안드레가 예수의 제자가 된 일이 포함된다. 공관복음에 의하면 베드로와 안드레는 게네사렛 호수에서 고기를 잡던 중에 예수의 부르심을 받았다(마 4:18-22; 막 1:16-20; 눅 5:1-11).

그러나 공관복음 사이에도 세밀한 사실적 차이는 있다. 마태복음과 마가복음은 베드로와 안드레가 직접 바다에 들어가 그물을 내리는 것으로 그림으로써 그들이 가난한 어부임을 암시한다(마 4:18; 막 1:16). 예수는 고기 잡고 있는 두 사람을 제자로 부르신 후 조금 더 가시다가 배에서 그물을 깁고 있는 야고보와 요한을 만나 그들도 제자로 부르신다. 부르심의 계기가 된 특별한 사건이 서술되지는 않는다.

그와 다르게 누가복음에서 베드로는 자기 배를 가진 경제적 여유가 있는 어부로 암시된다. 누가복음에 의하면 베드로가 제자로 부름 받는 과정에 특별한 사건이 있었다. 어느 날 베드로는 배를 타고 바다로 들어가 밤새도록 그물을 내렸으나 허탕을 치고 돌아와 바닷가에서 그물을 씻고 있었다. 예수는 그에게 다시 배를 타고 깊은 데로 가서 고기를 잡게 하신다. 베드로는 기적적으로 많은 고기를 잡게 되고 배 위에서 예수의 부르심을 받는다. 제자 요한과 야고보는 마태/마가복음에서나 누가복음에서나 배를 가진 어부다. 그들은 부근에서 다른 배를 타고 고기를 잡다가 가까이 와서 베드로를 돕게 되며 베드로와 함께 예수를 따른다. 안드레는 누가복음의 이 장면에 등장하지 않는다(눅 5:1-11).

요한복음으로 가면 이야기가 더 크게 달라져서 베드로와 안드레는 고기잡이와 전혀 무관한 일로 예수의 제자가 된다. 예수와 세례 요한이 처음 조우하는 장면에서 요한은 자기 제자 두 사람을 예수께 보낸다(요 1:35-42). 그들이 예수를 따라가서 제자가 되었는데, 두 사람 중 하나가 안드레였다. 그 후 안드레는 자기 형 시몬을 예수께 데려가 그도 제자가 되게 한다(40-42절). 그러니까 안드레는 본래 세례 요한의 제자였으나 세례 요한이 그를 예수께 보내 예수의 제자가 되게 했고, 안드레 자신이 먼저 제자가 된 후에 자기 형 시몬을 예수께 소개하여 함께 제자가 된다. 요한과 야고보가 어떻게 제자가 되었는지는 요한복음에 나오지 않는다.

누가복음에서 베드로의 부르심의 계기가 된 기적적 어획이 요한복음에서는—앞에서 이미 살펴본 것처럼—부활 후에 일어난 다른 사건과 관련되어 있다(요 21장). 이처럼 예수의 두 제자 베드로와 안드레의 부르심에 관한 공관복음과 요한복음의 서술에는 설명하기 힘든 사실적 차이가 있다.

예수의 족보

예수의 족보는 마태복음과 누가복음에 나오는데, 두 족보 사이에는 다른 점이 많다. 마태복음의 족보는 아브라함에서 시작하여 예수까지 14대씩 세 단락으로 구성된다. 첫 단락은 아브라함부터 다윗까지 14대, 둘째 단락은 다윗부터 바벨론 포로까지 14대, 셋째 단락은 바벨론 포로부터 예수까지 14대다(마 1:2-17). 반면에 누가복음의 족보는 예수로부터 시작하여 거슬러 올라가는데 아브라함을 지나 아담과 하나님까지 전체 77대로 이어진다(눅 3:23-38).

두 족보에서 겹치는 부분인 다윗부터 예수까지의 족보를 비교해 보자. 마태복음을 보면 다윗부터 바벨론 포로까지 이어지는 이름들은 대체로 구약성경 열왕기에 나오는 왕들의 계보를 따르고 있다. 그런데 누가복음을 보면 그 자리에 전혀 다른 이름들이 나열된다. 세대 수도 많이 다르다. 다윗부터 요셉까지 마태복음은 27대이지만, 누가복음은 42대다. 누가의 족보가 어디서 온 것인지는 분명하지 않다. 혹시 누가복음에 담긴 것은 예수의 어머니 마리아의 족보가 아니겠느냐고 추측하는 사람도 있다. 그러나 누가복음은 이것이 다윗을 거쳐 요셉으로 이어지는 족보임을 분명히 밝힌다(눅 3:23, 31). 다음 도표를 참조하라.

마태복음 1:6-16				누가복음 3:23-31			
1. 다윗	10. 아하스	19. 엘리아김		1. 다윗	10. 시므온	19. 앗디	28. 서머인	37. 얀나
2. 솔로몬	11. 히스기야	20. 아소르		2. 나단	11. 레위	20. 멜기	29. 맛다디아	38. 멜기
3. 르호보암	12. 므낫세	21. 사독		3. 맛다다	12. 맛닷	21. 네리	30. 마앗	39. 레위
4. 아비야	13. 아몬	22. 아킴		4. 멘나	13. 요림	22. 스알디엘	31. 낙개	40. 맛닷
5. 아사	14. 요시야	23. 엘리웃		5. 멜레아	14. 엘리에서	23. 스룹바벨	32. 에슬리	41. 헬리
6. 여호사밧	15. 여고냐	24. 엘르아살		6. 엘리아김	15. 예수	24. 레사	33. 나훔	42. 요셉
7. 요람	16. 스알디엘	25. 맛단		7. 요남	16. 에르	25. 요아난	34. 아모스	
8. 웃시야	17. 스룹바벨	26. 야곱		8. 요셉	17. 엘마담	26. 요다	35. 맛다디아	
9. 요담	18. 아비훗	27. 요셉		9. 유다	18. 고삼	27. 요섹	36. 요셉	

예수의 족보(다윗~요셉)

혼인 잔치의 비유

독자들은 다음과 같은 스토리라인으로 이어지는 예수의 비유를 알고 있을 것이다.

잔치가 열리고 주인이 종들을 보내 미리 초대해둔 사람들을 부른다. 그런데 그 사람들은 하나같이 이런저런 핑계를 대며 잔치에 오지 않는다. 주인이 노하여 종들을 거리로 내보내 다른 사람들을 데려오게 한다. 그래서 잔치에는 본래 초대받지 못했던 다른 사람들이 참석하게 된다.

이 '잔치의 비유'는 마태복음과 누가복음에 나온다. 그런데 두 복음서에서 예수는 전혀 다른 맥락에서 이 비유를 말씀하시며, 비유를 통해 전달되는 메시지도 서로 많이 다르다.

　　마태복음에서 이 비유는 예수께서 수난주간에 예루살렘에 올라가셨을 때 성전에서 말씀하신 것으로 나온다(마 22:1-14). 반면에 누가복음에서 이 비유는 예수께서 공생애 동안 한 바리새인 지도자의 집에 초대받아 가셨을 때 잔치 자리에서 말씀하신 것으로 나온다(눅 14:1, 15-24). 마태복음의 비유에서 잔치에 초대받고서도 오기를 거부하는 자들로 비유된 사람들은 유대교 지도자들이다. 반면에 누가복음에서 처음에 초대받았던 사람들은 지위가 높은 부자들을 비유한다(14:7-14). 마태의 비유에서 최종적으로 잔치에 참여한 불특정 다수의 사람들은 그리스도 교회를 상징하는 것으로 이해된다(마 22:9). 그러나 누가의 비유에서 잔치의 최종적인 수혜자는 가난한 사람들과 장애인들이다(14:13-14, 21).[3]

두 비유는 기본적인 스토리라인이 같으나 세부적인 등장인물과 전개가 다르다. 이에 대해 두 가지 이해가 가능하다. 먼저 이것은 마태와 누가가 같은 자료에서 입수한 동일한 비유를 각각의 신학의 흐름에 맞추어 서로 다르게 활용한 것일 수 있다. 그러나 예수 자신이 같은 스토리라인으로 두 개의 서로 다른 비유를 만드셔서 서로 다른 상황에서 사용하셨을 수도 있다. 그렇다면 마태와 누가는 각각 두 비유 중 하나를 가져다가 복음서에 담은 것으로서 두 비유의 차이는 사실적 불일치가 아니라고 할 수 있다.

예수의 부활 현현

예수는 부활하신 후 어디에서 제자들에게 나타나셨을까? 공관복음 가운데서도 마태/마가와 누가는 이에 관하여 전혀 다른 정보를 제공한다. 먼저 마태복음과 마가복음에서 부활 현현의 장소는 갈릴리다. 최후의 만찬 자리에서 예수는 제자들에게 자신이 다시 살아나신 후

---

3   잔치의 비유에 관한 좀 더 상세한 비교는 다음 강의를 참조하라. 유튜브 채널 〈안
     용성의 성서와 해석〉에서 볼 수 있다. 안용성, "마태와 누가: 잔치의 비유 비교(1)
     초대받은 자와 참여한 자", https://youtu.be/zVQJwsWuJJc. "잔치의 비유 비교(2)
     마태의 행위와 누가의 이방인", https://youtu.be/8NPYn81Fm5I.

갈릴리로 가실 것이라고 예고하신다(마 26:32; 막 14:28). 부활의 새벽에 빈 무덤을 찾아간 여인들에게 천사들이 이 사실을 다시 확인해준다(마 28:7; 막 16:7). 그리고 예수는 약속하신 대로 갈릴리로 가서서 한 산에서 제자들을 만나신다(마 28:16-20).

그와 다르게 누가복음에서 부활 현현 장소는 예루살렘이다. 예수께서 부활하신 그날 엠마오로 내려가던 두 제자가 길에서 예수를 만난다(눅 24:13-31). 그들은 예수를 알아본 후 바로 예루살렘으로 돌아온다. 예루살렘에는 열한 제자를 비롯하여 여러 사람들이 모여 있었는데 예수께서 그 자리에 나타나셔서 못 박힌 손과 발을 보여주시고 그들과 함께 음식을 잡수신 후 십자가와 부활의 의미를 가르쳐주신다(24:32-48). 그리고는 그들에게 예루살렘을 떠나지 말고 거기 머물며 하나님께서 약속하신 성령 강림을 기다리라고 말씀하신다(24:49). 제자들은 예수를 배웅한 후 예루살렘에 머물며 날마다 성전에서 하나님을 찬양한다(24:50-53).

누가복음에서 이어지는 사도행전의 이야기를 보면, 부활하신 예수님은 예루살렘에서 40일간 제자들과 함께 지내시다가 승천하셨고, 제자들은 예수께서 약속하신 대로 그로부터 열흘 후인 오순절에 성령 강림을 경험한다(행 1-2장). 누가복음과 사도행전의 사건 전개를 볼 때 제자들은 줄곧 예루살렘에 머물러 있었기 때문에, 갈릴리에서 부활 현현이 이루어졌다는 마태/마가의 서술과 사실적으로 조화시키기 어렵다.

그런가 하면 요한복음에는 부활하신 예수께서 예루살렘에 나타나신 이야기와 갈릴리에 나타나신 이야기가 함께 담겨 있다. 요한복음 20:19에 의하면 예수님은 부활하신 당일에 제자들이 모여 있는 장소에 나타나셨다. 제자들의 장소 이동에 관한 언급이 없기 때문에 그곳은 예루살렘이라 생각된다. 그런데 그 자리에 도마는 없었다. 얼마 후 예수님은 도마도 함께 있는 가운데 제자들에게 다시 나타나신다(요 20:19-29). 21장에는 예수께서 갈릴리에서 현현하신 이야기가 담겨 있다. 일곱 명의 제자들이 낙향하여 디베랴 호수에서 고기를 잡다가 예수님을 만나 기적적인 어획을 경험한다. 예수님은 베드로에게 "나를 사랑하느냐?" 하며 세 번 물으시고 그의 양을 먹이는 사명을 맡기신다(요 21:1-19).

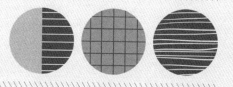

2장

사실이란 무엇인가?

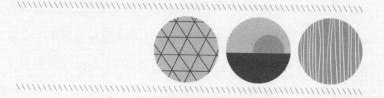

앞에서 우리는 신약성서의 사복음서가 서로 다르게 서술하는 내용들을 몇 가지 뽑아서 살펴보았다. 그 가운데는 설명할 수 있거나 그리 문제 삼지 않아도 될 만한 작은 차이도 있지만, 설명하기 어려운 사실적 불일치도 있음을 확인했다.

실증주의의 영향이 강한 시대에 살고 있는 많은 독자들에게 이러한 관찰은 충격으로 다가올 것이다. 어떤 사람들은 이러한 발견으로 인해 실망한 나머지 성경은 사실적으로 신뢰할 수 없는 책이라는 결론으로 성급하게 나아가기도 한다. 성경의 사실성에 대한 확신이 강하다 보니 그것의 일부가 무너지는 순간 성경에 대한 믿음 전체가 무너져 버리는 것이다. 그러나 너무 단순하게 이분법적으로 생각할 일은 아니다. 정답은 양쪽 극단이 아니라 중간에 있는 경우가 많지 않던가? 성경의 역사성에 대한 이해에도 실증주의 프레임에 따른 이분법보다는 좀 더 차분하고 세밀한 숙고가 필요하다.

성경이 사실인지 아닌지 묻기 전에 먼저 우리가 사용하는 '사실'이라는 말이 무슨 뜻인지 숙고해볼 필요가 있다. 오늘날 많은 사람이 역사적 사실과 과학적 사실에 대해 가지고 있는 이해는 실증주의에 의해 형성된 것이다. 그러나 실증주의는 인류 역사에서 극히 최근에 나타난 시대적 현상일 뿐이다. 사실의 개념은 역사를 통해 계속해서 변화되어왔고 지금도 변화하고 있으며 앞으로 더 달라질 것이다. 다시 말해서 실증주의의 사실 개념은 영원불변한 것이 아니고 완전한 것도 아니며 그저 이 시대의 철학일 뿐이다. 그렇다면 2천 년 전 고대에 기록된 문서에 실증주의의 사실 범주를 적용하는 것은 시대착오가 아닐까? 우리 시대의 잣대로 판단하기 전에 성서 시대 사람들에게 '사실'이란 무엇이었는지 먼저 묻고 그 사실 이해에 기반하여 바른 기대를 가지고 성경을 읽는 것이 더 바람직한 태도일 것이다.

처음에 예로 들었던 창세기로 돌아가 보자. 구약성서 학계의 일반적 견해에 따르면 창세기는 바로 뒤에 이어지는 네 권의 책, 곧 출애굽기, 레위기, 민수기, 신명기와 함께 기원전 5세기에 성경으로 받아들여졌다. 우리가 보통 '오경'이라 부르는 그 다섯 권의 책을 유대인들은 '토라'라고 부른다. 토라를 성경으로 받아들이던 당시 유대인들은 창세기 1장과 2장 사이에 사실적 불일치가 있음을 알지 못했을까? 이번에는 신약성경으로 가 보자. 복음서는 기원후 1세기 후반에 기록되었고, 4세기 말에 다른 책들과 함께 신약성경으로 받아들여졌다. 그 시대 사람들은 복음서들 사이에 사실적 차이가 있는 것을 알지 못했을까?

그랬을 리는 없다. 오늘날 우리에게 성경은 책장에 꽂혀 있는 수

많은 책들 가운데 하나이지만 그 당시 유대인들과 그리스도인들에게는 읽을 책이 많지 않았다. 그러므로 그들은 오늘 우리와는 비교가 안 될 정도로 꼼꼼하게 성경을 읽었고 많은 경우 다 외웠다. 그러니 당연히 성경 본문에 나타나는 사실적 불일치에 관해서도 잘 알고 있었을 것이다. 그런데 그들은 어떻게 그 책들을 하나님의 말씀으로 받아들일 수 있었을까?

그것은 그 시대 사람들이 사실에 대해 우리와 다른 태도를 취했기 때문일 것이다. 오늘날 우리에게 '사실적 불일치'로 인식되는 것들이 그 당시 사람들에게는 그 책이 성경이 되는 데 아무런 결격 사유가 되지 않았던 것이다. 오늘날 우리가 당연하게 여기는 실증주의적 사실성이 그 시대 사람들에게는 성경이 하나님 말씀 되게 하는 기준이 아니었다.

그러나 이 말은 그 시대 사람들이 사실에 무관심했다는 뜻이 아니다. 단지 사실이 무엇인지에 대한 이해가 달랐을 뿐이다. 다시 말해서, 오늘 우리가 가지고 있는 사실의 기준과 그 시대 사람들의 사실의 기준이 달랐다. 어떻게 달랐을까? 먼저 실증주의 이후 인문학계에서 싹튼 사실에 대한 새로운 인식에 관해 알아보고, 좀 더 시간적 범위를 넓혀 인류 역사에서 사실에 대한 인식이 어떻게 변화해왔는지 간략하게 살펴보기로 하자.

사실과 의미

오늘날 인문학계에서는 실증주의의 사실 이해에 근본적인 한계가 있다는 것이 널리 인식되어 있다. 무엇보다 실증주의는 '사실 그 자체'를 추구한다. 그것을 가리키는 영문 용어가 '베어 팩트'(bare fact)다. '베어'(bare)는 '벌거벗은', '옷을 입지 않은' 등의 뜻이 있다. 그러니까 '베어 팩트'란 사실에 아무런 옷도 입히지 않은, 날것으로서의 사실 그 자체를 가리킨다.

실증주의는 베어 팩트를 중시한다. 일반적으로도 사람들은 자신이 알고 있는 사실이 베어 팩트라 생각하는 경향이 있다. 그러나 사실은 그렇지 않다. 우리가 알고 있는 모든 사실은 베어 팩트가 아니라 무언가가 더해져 있는 사실, 다시 말해서 옷을 입고 있는 사실이다. 그 옷은 다름 아니라 '의미'다. 모든 사실은 의미의 옷을 입고 있다.

집에 앉아 있다가 소방차의 사이렌 소리를 들었다 하자. 그럼 사람들은 대부분 '앗, 불이 났나 보다!' 또는 '어디 인명 사고가 났나 보다!' 하고 생각할 것이다. 그러나 지금 일어난 사실은 무엇인가? 내가 소방차의 사이렌 소리를 들었다는 것뿐이다. 진짜 소방차가 지나간 것일 수도 있지만 옆집에서 티비를 크게 틀어놓은 것일 수도 있다. 실제로 소방차가 지나갔다고 가정해보자. 그럼 정말 불이 났거나 인명 사고가 났을 가능성이 있다. 그러나 그것은 가능성일 뿐이지 확인된 사실은 아니다. 지금 일어난 사실은 내 귀에 소방차의 사이렌 소리와 같은 소리가 감각되었다는 것뿐이다. 그러나 우리는 그 사실을 받아들일 때 거기에 '불이 났구나' 또는 '인명 사고가 났나 보다' 하고 의미를 부여하여 받아들이곤 한다.

나아가서 우리는 다른 사람에게 사실을 전달할 때도 단순히 사실을 알리기보다 의미를 전달하려 한다. 내 주변에는 최근에 할아버지나 할머니가 되신 분들이 많다. 손자 손녀 이야기를 하는 할머니 할아버지의 표정은 정말 행복하기 그지없다. 서로 경쟁적으로 말하려 하기 때문에 손자 손녀 얘기할 때는 돈 내고 하라는 우스갯소리가 나올 정도다. 그분들이 손녀와 손자 이야기를 할 때는 사실을 전달하려 하는 걸까, 아니면 의미를 전달하려 하는 걸까?

요즘은 아이들의 모습을 동영상으로 촬영하여 보여주는 경우가 많다. 아이들이 혼자서 장난감을 가지고 노는 모습, 교회에서 배운 노래와 율동을 집에 와서 그대로 따라하는 모습, 할아버지 어깨를 주물러 드리는 모습, 영상통화를 하며 할머니에게 귀엽게 인사하는 모습 같은 것들이다. 그 사실을 그대로 촬영하여 전달하므로 형식적으로 보자면 사실, 곧 베어 팩트를 전달하는 것처럼 보인다. 그런데 왜 그 사실을 전달하는 걸까? 그 목적은 의미의 전달에 있다. "내 손자가 너무 귀엽다." "내 손녀가 정말 똑똑하다." "우리 손자 손녀가 정말 대견하다." 이런 의미를 전달하고자 하는 것이 영상을 보여주는 이유다. 그 의미를 전달하기 위해 사실을 매개로 사용하는 것이다.

할머니 할아버지가 동영상을 보여주는 것은 형식적으로는 사실의 전달이지만 그것은 어디까지나 선택된 사실이다. 하루 24시간 동안 벌어진 수많은 일들 가운데 할아버지 할머니가 전달하고자 하는 의미를 잘 보여줄 수 있을 만한 일부 장면만 선택한 것이다. 선택된 장면보다 선택되지 않은 장면이 훨씬 더 많다. 그리고 그 영상은 사랑 가득한 눈으로 아기를 바라보는 어른의 관점으로 촬영된 것이다. 만일 주변에서 함께 놀고 있던 다른 아기, 예를 들어 어떤 일로 인해 그 아기와 경쟁 관계에 있는 형이나 동생의 입장에서 촬영되었다면 같은 장면이 다른 의미를 가질 수도 있다. 그런 경우라면 할아버지 할머니가 촬영한 것과는 다른 장면들이 선택될 것이다.

위에서 단적인 예를 들었으나, 그 외에도 우리가 알고 있는 모든 사실에는 어떤 의미가 더해져 있다. 그것은 역사 기록에 담겨 있는 사실들도 마찬가지다. 역사가가 역사를 기록하는 목적은 단지 사실을 보존하는 데 있지 않다. 사실을 보존하는 것이 목적이라면 그 시대에 일어난 모든 사건을 다 기록해야 할 텐데, 그것은 불가능하고 의미도 없다. 역사가는 그 시대에 일어난 수많은 사건 가운데 일부만을 선별하여 역사 기록에 담는다. 어떤 사건을 선별할까? 역사가가 보기에 의미 있는 일들만 선택한다. 그리고 그 의미를 잘 보여줄 수 있는 방식으로 사건들을 인과관계에 따라 배열하여 서술한다. 역사 기록에서 사실은 그 의미를 전달하는 수단이다.

이처럼 우리가 알고 있는 사실들은 '베어 팩트'가 아니라는 것, 다시 말해서 모든 사실에는 의미의 옷이 덧입혀져 있다는 것이 오늘날 인문학계에서 널리 받아들여지고 있는데, 그러한 인식의 전환에서 중요한 역할을 한 것이 후설과 하이데거로 대표되는 현상학이다.[1] 현상학은 우리의 인식에서 주체가 차지하는 역할에 주목하였다. 인식의 주체인 우리의 의식은 대상을 그저 주어지는 대로 수동적으로 받아들이지 않고 주체적으로 대상에 어떤 의미를 부여하여 받아들인다는 것이다. 동일한 사실이라 할지라도 그 사실이 사람들에게 주는 의미는 동일하지 않다. 그래서 우리는 동일한 사실을 서로 다른 방식으로 인식하게 된다. 모든 사실은 이렇게 서로 다른 방식으로 "인식된 사실"이지 "사실 그 자체"가 아니다.[2]

---

1   후설의 현상학에 관한 간략한 해설서로는 박인철, 『에드문트 후설: 엄밀한 학문성에 대한 철학의 개혁』(파주: 살림출판사, 2013)을 추천한다. 필자가 쓴 다음 책도 함께 참조할 수 있다. 안용성, 『현상학과 서사 공간: 성서의 이야기 공간에 대한 현상학적 고찰』(서울: 새물결플러스, 2018).

2   현상학에서 시작된 실증주의 사실관의 한계에 관한 인식은 포스트모더니즘을 통해 극대화되었다. 20세기 중반 포스트모더니스트들은 역사 서술의 객관성에 의문을 제기했다. 서술된 역사는 있는 그대로의 사실이 아니라 단지 언어적 구성물에 불과할 뿐이라는 것이다. 이는 심지어 역사 서술이 픽션과 다름없다는 해체론적 주장으로까지 발전하며 역사학에 심대한 도전이 되었다. 이후 역사가들은 이러한 비판을 진지하게 고려하면서도 해체론의 지나친 회의적 입장에는 반대했다. 역사는 역사가와 과거의 사실 간에 진지한 대화를 통해 나오는 것이지 허구적 상상으로 갑자기 창작되는 것은 아니라고 말이다. 그와 함께 역사가들은 기존의 거대담론 중심의 역사를 벗어나 전에는 관심의 대상이 되지 못했던 다양한 집단과 개인들의 존재에 주목하기 시작했고 이것이 역사학을 더욱 풍성하게 만들었다. 이 책의 5장에서 소개할 구술사(oral history)는 그러한 새로운 시도 가운데 하나다. 역사학계에서 일어난 최근의 변화에 관해서는 다음 책을 참조하라. Georg Iggers, 임상우, 김기봉 역, 『20세기 사학사: 포스트모더니즘의 도전, 역사학은 끝났는가?』(서울: 푸른역사, 1999).

역사 기록의 시작: 헤로도토스와 투키디데스

앞에서 우리는 실증주의 시대를 지나며 일어난 사실 인식의 변화에 관하여 간단히 살펴보았다. 그럼 그 전에는 어땠을까?

인류 역사에서 사람들이 사실을 중시하기 시작한 지는 꽤 오래되었다. 인류가 허구와 구별되는 의미에서 사실의 중요성을 인식하기 시작한 출발점을 역사학자들은 기원전 5세기 그리스의 역사가 헤로도토스(Herodotus)에게서 찾는다. 그 전까지 서양 사람들에게 가장 많이 읽힌 책은 호메로스의 『일리아스』와 『오디세이아』였다. 두 책은 트로이 전쟁과 그 이후의 사건들을 서술하고 있는데 거기에는 사실과 신화와 극적 요소들이 뒤섞여 있어서 구별하기 어려웠다. 헤로도토스는 그 점에 만족할 수 없었다. 그래서 그는 실제로 일어난 일들을 직접 조사하고 탐구하여 역사를 서술하고자 했다.

역사를 기록하기 위해서는 정확한 사료가 필요하다. 역사 자료를 구하기 위해 헤로도토스가 선택한 방법은 사건과 관련된 인물들을 직접 찾아가 만나서 그들의 이야기를 듣는 것이었다. 그렇게 해서 나온 책이 그리스와 페르시아 전쟁의 역사를 기록한 『히스토리아이』다.[3] 그리스어 '히스토리아이'(ἱστορίαι)는 '히스토리아'(ἱστορία)의 복

---

3 헤로도토스의 『히스토리아이』가 우리말로는 『역사』라는 제목으로 여러 개의 번역본이 나와 있고 만화책이나 어린이들을 위한 해설서들도 있다. 그 가운데 몇 권을 소개한다. 천병희 역(도서출판숲, 2009); 김봉철 역(도서출판길, 2016); 박현태

수형이다. '히스토리아'는 본래 조사와 탐구 또는 그 결과물을 가리키는 단어였으나, 이 책의 출간 이후 '역사'를 뜻하는 단어로 쓰이게 되었다. 헤로도토스는 조사와 탐구를 토대로 역사를 기록한 최초의 인물이었고, 그 결과 '역사'라는 어휘의 창안자가 되었다. 로마의 수사학자 키케로는 그를 '역사의 아버지'라 불렀다.

헤로도토스는 호메로스가 신화들을 만들어냈다고 판단하고, 신화가 아닌 실제 사실을 찾아 그의 『역사』(히스토리아이)에 담으려 애썼다(2. 23, 53). 그러나 그렇게 해서 나온 헤로도토스의 『역사』에도 여전히 많은 신들이 등장하고 신화가 종종 포함된다.[4] 헤로도토스보다 조금 늦게 『펠로폰네소스 전쟁사』를 기록한 투키디데스(Thucydides)는 그 점을 비판하며 더 철저하게 신화로부터 사실을 구별해내고자 했다(『펠로폰네소스 전쟁사』 1. 21. 1.; 22. 4.).

그러나 헤로도토스보다는 적어도 투키디데스의 역사 서술 역시 신화와 극적 요소로부터 자유롭지 못하다. 예를 들어 그는 인간의 오

역(동서문화사, 2008); 박광순 역, 상하권(종합출판범우, 2022) 등.

4　헤로도토스의 종교적 측면에 관한 대표적 연구서는 T. Harrison, *Divinity and History: The Religion of Herodotus* (Oxford: Clarendon, 2000)다. 그와 함께 S. Scullion. "Herodotus and Greek Religion," *The Cambridge Companion to Herodotus* (C. Dewald & J. Marincola, eds.; New York: Cambridge University Press, 2006), 192-20이 있다. 국내 연구 가운데는 다음 글들을 참조하라. 김봉철, "지중해 최초의 역사서, 헤로도토스의 역사", 「서양사론」 109(2011): 319-40; "헤로도토스와 그리스 신화 서술: 제우스 서술을 중심으로", 「서양고대사연구」 27(2010): 263-93.

만으로 인한 과오가 전쟁의 승패에 영향을 준다고 생각했으며(VII. 18. 2), "티케"(행운)[5]라는 외적 행위자가 전투의 승패에 영향을 주는 것으로 사실을 해석했다.[6] 이러한 한계에도 불구하고 투키디데스는 사실적 엄격성을 추구한 과학적 역사의 창시자로 평가된다. 그러나 모든 역사가들이 다 투키디데스와 같은 엄격성을 실천했던 것은 아니다.[7]

혜로도토스와 투키디데스를 비롯한 고대 그리스-로마의 역사 서술에서 두 가지 중요한 점을 확인할 수 있다. 하나는 기원전 5세기 지중해 연안에 살던 사람들 사이에서 신화와 구별되는 사실에 대한 분명한 인식이 싹텄다는 점이고, 다른 하나는 그 '사실'에 대한 이해가 오늘날 실증주의의 사실 인식과는 사뭇 달랐다는 점이다.[8] 실증주

---

5   티케는 그리스 신화에 나오는 행운의 여신이다. 투키디데스는 티케를 신들과 구
     별하고자 했으나, 그의 역사 서술에서 여전히 인간의 능력을 뛰어넘는 초월적 행
     위자로서 작용한다. 후에 투키디데스를 모방하여 『유대 고대사』와 『유대 전쟁사』
     를 저술한 역사가 요세푸스는 역사 속에 나타나는 하나님의 뜻을 개념화하기 위해
     "티케"를 사용했다(예.『유대 전쟁사』 3.354, 5.367).

6   투키디데스의 역사 서술에 나타나는 신화와 극적 요소에 대해서는 다음을 참조하
     라. F. M. Cornford, *Thucydides Mythistoricus* (London: Edward Arnold, 1907); 오
     홍식, "투키디데스의 티케",「서양사론」46(1995), 125-79; 김경현, "헤로도토스
     를 위한 변명",「서양고전학연구」24(2005), 265-302; 이두희, "역사가들의 전쟁
     기술에 나타난 '비극적 역사'(Tragic History) 문제: 헤로도토스, 투키디데스, 할리
     카르나소스의 디오니시오스를 중심으로",「서양고전학연구」37(2009): 47-69.

7   헤로도토스와 투키디데스를 비롯하여 고대 그리스 역사가들이 신화를 역사 서술
     에 포함시킨 것에 관한 연구로 다음을 참조하라. A. E. Wardman, "Myth in Greek
     Historiography," *Historia: Zeitschrift für Alte Geschichte* 9 (1960), 403-13.

8   그리스-로마 역사에는 신화적 요소와 함께 극적인 요소들도 담겨 있다. 이두희

의의 사고방식을 따르자면 역사적 사실은 경험적이고 합리적인 인과관계를 통해 설명될 수 있어야 한다. 그러나 고대인들은 현실에서 일어나는 사건들을 현실을 초월하는 외적 원인을 가지고 설명하려 했다. 현실 외적 원인은 감각될 수 없는 것으로서 실증적 사실이 될 수 없다. 그러나 그들에게는 그것이 사실의 일부였다.

고대의 역사가들에게는 어떻게 이러한 초월적인 원인들이 사실일 수 있었을까? 역사가들은 사건을 단순히 발생한 것으로 기록하지 않는다. 모든 사건에는 원인이 있고 결과가 있다. 역사가들은 사건들을 인과관계에 따라 서술하며 그 관계 속에서 사건의 의미나 교훈을 찾아내고자 한다. 자연과학이 발달한 오늘 우리는 많은 사건의 원인을 경험적으로 또는 과학적으로 설명해낼 수 있다. 그러나 과학이 충분히 발전하지 않았던 고대에는 그렇지 못했다. 예를 들어, 어떤 사람이 병에 걸리거나 어느 지역에 자연재해가 발생하면 그 시대 사람들은 대개 그 원인을 신의 진노에서 찾았다. 그래서 병을 고치기 위해 주술 행위를 했고, 홍수나 지진 같은 자연재해의 원인을 그 지역 사람들의 범죄에서 찾으려 했다. 그렇게밖에는 설명할 길이 없었기 때문

는 헤로도토스, 투키디데스, 사모스의 두리스(Duris of Samos), 아테네의 필라르쿠스(Phylarchus of Athens), 폴리비오스(Polybius), 할리카르나소스의 디오니시오스(Dionysius of Halicarnassus), 플루타르코스(Plutarch), 요세푸스(Flavius Josephus) 등 다양한 역사가들의 서술에 담긴 비극적 요소를 분석하고, 그것을 누가복음-사도행전과 비교한다. DooHee Lee, *Luke-Acts and "Tragic History"* (Tübingen: Mohr Siebeck, 2013).

이다. 초월적·신적 존재들과 사건들이 현실에서 일어나는 많은 일의 직접적인 원인이었기 때문에 고대인들은 초월 세계에서 일어나는 일들을 자연스럽게 사실로 인식했던 것이다.

기원후 1세기의 역사 서술과 사실 이해

앞에서 우리는 기원전 5세기 그리스 역사가들에 의해 '사실'에 관한 관심이 체계화되기 시작했으나, 그 사실 인식이 오늘날의 실증주의와는 많이 달랐음을 확인했다. 복음서를 포함한 신약성경은 그로부터 약 5백 년이 지난 기원후 1세기에 지중해 연안 세계에서 기록되었다. 신약성서 시대 지중해 지역에 살던 사람들에게 사실이란 어떤 것이었을까?

그리스-로마의 전기(Biography)

헤로도토스와 투키디데스 이후 그리스-로마 사회에서는 수많은 역사서들과 전기들이 저술되었고, 그와 함께 사실에 대한 관심이 사람들 사이에 더 확산되고 깊어졌다. 이 책에서는 예수 그리스도의 전기인 복음서[9]를 주로 다루므로 그리스-로마의 전기 작품들에 초점을 맞

---

9   복음서가 예수의 전기라는 것이 일반인들에게는 당연한 명제일 것이나 성서학에

추어 살펴보려고 한다. 최초의 역사서인 헤로도토스의 『역사』에도 다양한 전기적 서술이 포함되어 있었다. 기원전 4세기부터는 이소크라테스(Isocrates)의 『에바고라스』(*Evagoras*)나 크세노폰(Xenophon)의 『아게실라오스』(*Agesilaus*)와 『소크라테스의 회상』(*Memorabilia*) 같은 독립적인 전기들이 산출되기 시작했다. 신약성경의 기록이 마무리될 즈음인 기원후 1-2세기의 전환기에는 플루타르코스(Plutarch)나 수에토니우스(Suetonius) 같은 걸출한 전기작가들이 활동하고 있었다.

전기는 주로 한 인물에 집중하여 그에 관한 역사적 사실을 수집하여 담는 것이 보통이다. 그런데 그 시대 모든 전기가 다 정확한 사실을 담은 것은 아니었다. 가장 큰 이유는 정보의 부족이었다. 오늘날 우리는 정보의 홍수 속에 살고 있다. 아날로그와 디지털을 포함하는 다양한 기록 방법이 있고 문자와 영상과 음성 등 다양한 매체로 엄청난 정보가 축적되어 있으며 그 정보에 쉽게 접근할 수 있다. 그러나 그 시대에는 기록 방법이 극히 제한되어 있었고 축적된 정보의 양도 매우 적었기 때문에 역사와 전기 저술도 그러한 정보의 한계 속에서 이루어질 수밖에 없었다. 그 당시 역사 정보를 얻는 가장 정확한 방법은 해당 사건의 관련 인물들을 찾아가 직접 만나서 듣는 것이었다.

이렇게 정보의 한계가 있다 보니 전기의 주인공이 되는 인물의

서는 논쟁이 계속되어 온 이슈 가운데 하나다. 이에 관해서는 다음 장에서 상세히 다루고자 한다. 이 장에서는 복음서가 예수의 전기라는 일반적인 이해를 전제하고 논의를 전개한다.

생애와 전기 저술 사이의 시간 간격이 클수록 전기의 역사적 사실성이 희미해지는 현상이 나타난다. 오래전에 죽은 인물의 전기를 기록하려면 그에 관한 정보가 극히 적으므로 전해 내려오는 이야기들에 의존할 수밖에 없는데, 그러다 보면 전설적인 내용들이 포함될 수밖에 없었기 때문이다. 그러나 최근 인물의 경우에는 그 사람을 알고 경험한 사람들이 아직 살아 있어서 비교적 정확한 정보를 수집할 수 있고, 또 살아 있는 사람들에 의해 정보가 검증되므로 전기 작가들의 입장에서 더 조심스럽게 사실을 다루어야 했다.[10]

마가복음은 기원후 70년경에 기록되었다. 예수의 공생애가 30년경까지 이루어졌으므로 마가복음은 그 후 약 40년 만에 저술된 것이다. 그것은 마가복음이 예수 그리스도에 관한 사실에 접근하기 매우 유리한 위치에 있었음을 의미한다. 그즈음에도 예수 사건의 목격자들 가운데 많은 사람이 아직 생존해 있었을 것이기 때문이다. 예수를 직접 만났고 예수의 말씀과 행적을 함께 기억하여 전수하고 있었을 그들은 예수에 관한 사실 정보의 출처이자 동시에 마가복음의 사실성을 검증하는 잣대가 되었을 것이다.

그리스-로마의 전기들 가운데도 한 인물이 죽은 후 40년 내

10　오니는 그리스-로마의 많은 전기들이 이러한 한계를 극복하고 문학적 허구보다는 역사적 사실에 견고하게 토대하려 노력했음을 잘 보여준다. David E. Aune, "Greco-Roman Biography," Greco-Roman Literature and the New Testament: Selected Forms and Genres (ed. David E. Aune; Atlanta: Scholars, 1988), 107-26.

에 그의 전기가 기록된 사례는 그리 많지 않다. 그중 하나가 로마 역사를 연구할 때 원자료로 가장 많이 인용되는 책인 수에토니우스(Suetonius)의 『황제열전』(De vita Caesatum)이다. 이 책은 율리우스 카이사르부터 도미티아누스까지 로마 제국 초창기 황제 11명의 생애를 담았는데, 그중 절반(율리우스 카이사르, 아우구스투스, 티베리우스, 클라우디우스, 네로)은 마가복음보다 더 오랜 시간이 지난 후에 기록되었고, 갈바, 오토, 비텔리우스, 베스파시아누스 등 5명은 복음서와 비슷한 기간 내에 기록되었다. 오직 도미티아누스의 전기만이 복음서보다 더 짧은 시간 간격을 두고(20여 년 후) 기록되었다. 플루타르코스의 『영웅전』은 대부분의 인물과 전기 사이의 시간적 간격이 복음서보다, 그리고 수에토니우스의 작품들보다 훨씬 더 크다.

한 사건을 여러 저자가 서술한 경우

공관복음서는 동일 인물인 예수의 전기를 세 사람의 서로 다른 저자들이 기록한 것이다. 마가복음보다 뒤에 기록된 마태복음과 누가복음은 예수 생애 후 50여 년이 지난 80년대 중반에 나온 것으로 받아들여진다. 신약성서 학자 키너(Craig Keener)는 로마의 역사서와 전기들 가운데서 공관복음과 비슷한 사례를 찾아 비교해보았다. 한 인물이 죽은 후 40-50년 만에 다수의 저자들이 그 인물에 관한 전기나 역사를 기록한 사례가 있을까?

키너는 타키투스(Tacitus, 기원후 56-117경)의 『역사』(Historiae), 플

루타르코스(Plutarch, 기원후 46-119경)의 『영웅전』(*Bioi Paralleloi*), 수에 토니우스(Suetonius, 기원후 69-130경)의 『황제열전』(*De vita Caesarum*)에 공히 로마 황제 오토의 자살 사건(기원후 69)이 기록되어 있음을 확인 하고, 그 서술들을 찾아서 비교해보았다. 이 세 책은 황제 오토 사후 대략 40-50년 사이에 저술되었다. 타키투스, 플루타르코스, 수에토 니우스는 그 시대 로마의 역사와 전기 서술을 대표할 수 있는 수준 높 은 작가들이며, 작품의 사실성에서도 높은 기준을 유지하고 있었던 것으로 평가된다.[11]

연구 결과 키너는 공관복음과 로마 역사/전기의 저술 방법 사이 에 많은 유사성이 있음을 확인했다. 키너는 수에토니우스가 오토의 전기를 자유롭게 창작한 것이 아니라 그에 앞선 타키투스의 역사 기 록을 조심스럽게 자료로 사용한 것을 확인했다. 이는 공관복음서에 나타나는 것과 매우 유사하다. 성서학계에서는 마태복음과 누가복음 이 마가복음을 자료로 사용했다는 마가우선설[12]이 일반적으로 받아 들여지고 있는데, 키너는 수에토니우스가 타키투스를 사용하여 전기

---

11 세 저자의 생애 연대와 저술 연대가 정확히 남아 있지는 않으나, 개략적으로 보 아 타키투스는 기원후 109-10년에, 수에토니우스는 기원후 121년 이전에, 플루 타르코스는 기원후 100-20년에 그들의 작품을 저술한 것으로 여겨진다. Craig Keener, "Otho: A Targeted Comparison of Suetonius's Biography and Tacitus's History, with Implications for the Gospels' Historical Reliability," *Bulletin for Biblical Research* 21 (2011), 335.

12 두 자료 이론(two source theory)도 마가우선설에 속한다.

를 서술하는 방법이 마태와 누가가 마가를 자료로 사용하는 방식과
매우 유사하다고 말한다. 다시 말해서 마태와 누가는 마가복음을 역
사 자료로 사용하여 그리스-로마의 역사가들과 전기 작가들이 역사
를 서술하는 것과 비슷한 방법으로 두 복음서를 저술했다.[13]

그리스-로마의 역사가와 전기 작가들은 이전의 역사 자료를 사
용할 때 그것을 자구 그대로 옮기기보다는 어휘와 표현을 바꾸어 다
시 서술했다. 이것은 수사학을 통해 정립된 그 당시의 글쓰기 관습이
었다. 마태와 누가가 마가복음을 사용하는 방법에서도 그런 점을 관
찰할 수 있다. 그런데 키너는 여기서 더 나아가 오토의 자살에 관한
타키투스, 수에토니우스, 플루타르코스의 서술 중 여러 곳에 단순한
어휘와 문체의 차이를 넘어서는 사실적 불일치가 있는 것을 발견했
다. 그 차이점들 가운데는 복음서 사이에서 나타나는 것과 비슷한 배
열 순서의 차이와 세부 서술의 차이가 포함된다.[14] 키너는 복음서들
간에 나타나는 병행과 변이 같은 현상들은 그 시대 역사와 전기 저술
에서 일반적으로 나타나는 것들과 그리 다르지 않다고 말한다.[15]

이러한 관찰을 통해 그 당시 역사가와 전기 작가들이 역사적 사
실을 다룰 때 오늘날과 같은 실증적 엄격성이 적용되지는 않았음을
확인할 수 있다. 그리스-로마의 전기 작가와 역사가들뿐 아니라 신약

---

13   Keener, "Otho," 354.
14   Ibid., 338, 49-51.
15   Ibid., 337.

성서 시대 유일한 유대 역사가인 요세푸스(Josephus)에게서도 비슷한 현상을 발견할 수 있다. 요세푸스는 『유대 고대사』를 저술하며 구약 성서를 주요 자료로 사용했는데, 두 책을 비교해보면 요세푸스가 종종 구약 역사의 세부 내용을 재가공하여 서술하는 것을 확인할 수 있다. 심지어는 그의 『자서전』과 『유대 전쟁사』에 담긴 그 자신에 관한 서술에서도 사실적 차이가 발견된다.[16]

여러 사건을 한 저자가 서술한 경우

한 저자의 서술에서 사실적 차이가 나타나는 것이 요세푸스가 유일한 사례는 아니다. 그와 관련된 연구로 마이클 리코나(Michael Licona)의 책 『왜 복음서에 차이가 있는가?』(Why are there Differences in the Gospels?)가 주목할 만하다. 리코나는 플루타르코스가 자신의 여러 전기 작품들에서 동일 사건을 여러 번 반복 서술한 사례를 찾아서 비교해보았다. 리코나는 현존하는 플루타르코스의 전기 50편 중 9편을 연구 대상으로 삼았고, 그 책들에 두 번 이상 보도된 서른여섯 개의 단

---

16   F. Gerald Downing, "Redaction Criticism: Josephus' Antiquities and the Synoptic Gospels (I)," *JSNT* 2 (1980), 45-65; "Redaction Criticism: Josephus' Antiquities and the Synoptic Gospels (II)," *JSNT* 3 (1980), 29-48; R. A. Derrenbacker Jr., *Ancient Compositional Practices and the Synoptic Problem* (Leuven: Peeters, 2005); Jordan Henderson, "Josephus's Life and Jewish War Compared to the Synoptic Gospels," *JGRChJ* 10 (2014), 113-31; Michael Licona, *Why are there Differences in the Gospels?-What we can learn from Ancient Biography* (New York: Oxford University Press, 2017), 1에서 재인용.

화를 선택하여 분석했다. 그 결과 여섯 개의 단화에서는 중복 서술된 내용에서 차이가 발견되지 않았으나, 서른 개의 단화에서는 주목할 만한 차이들이 발견되었다. 그 서술들 사이에 나타나는 사실적 불일치의 정도는 상당히 컸고, 그에 비하면 복음서들 사이에 나타나는 차이는 오히려 미미할 정도였다.[17]

사실적 차이가 굉장히 큰 단화 가운데 하나는 폼페이우스가 실권을 잡고 있던 원로원에서 율리우스 카이사르가 불리한 여건을 뒤집고 극적 타협을 이룬 한 사건이다. 이 사건의 서술은 플루타르코스의 영웅전 가운데 율리우스 카이사르(Julius Caesar, 29.1-31.2), 폼페이우스(Pompey, 56.1-59.4.), 마르쿠스 안토니우스(Mark Antony, 5.1-4), 소 카토(Cato Minor, 51.4-5), 키케로(Cicero, 36.6-37.1) 등 다섯 명의 전기에 포함되어 있는데, 다섯 전기에 담긴 사실들 사이에 일치하지 않는 점이 너무 많아서 사건의 전말이 정확히 무엇인지 파악하기 어려울 정도다. 플루타르코스는 사건의 디테일을 개작하기도 하고, 몇 개의 장면을 합성하기도 하며, 한 사람이 말한 것을 다른 사람이 한 것으로 바꾸기도 하고, 사건들에 따라 다른 인물이나 장면에 스포트라이트를 비추기도 했다.[18]

리코나는 이와 같은 사실의 변형에 여덟 가지 작법이 사용된 것

---

17 Michael Licona, *Why are there Differences in the Gospels?*, 23-111.

18 Ibid., 61-67.

을 찾아내고 동일한 작법이 플루타르코스와 사복음서에 어떻게 사용되었는지 분석한다. 그 작법들은 다음과 같다. (1) 전가(transferal): 한 사람의 말과 행동을 주어를 바꾸어 다른 사람의 것으로 서술함. (2) 이동(displacement): 사건의 맥락을 바꿈. (3) 결합(conflation): 여러 사건의 서술을 합쳐 하나의 사건으로 만듦. (4) 축약(compression): 일련의 사건들을 실제보다 더 짧은 기간에 일어난 것으로 서술함. (5) 스포트라이트(spotlighting): 특정인에 집중하여 상세하게 서술함. (6) 단순화(simplification): 세부 서술을 줄여 이야기를 단순화함. (7) 내러티브 디테일의 추가(expansion of narrative details): 세부 사항이 알려져 있지 않을 경우 사실적 개연성을 유지하는 범위 내에서 새로 만들어 넣음으로 내러티브를 향상시킴. (8) 패러프레이즈(paraphrasing): 작문 교과서들이 가르쳐주는 기법에 따라 사건을 재서술함.[19]

리코나가 사용한 플루타르코스 전기들의 저술 연대는 기원후 96-120년 사이로, 복음서보다 늦게 나온 것들이다. 권영주는 그의 박사학위 논문에서 복음서보다 먼저 나온 다른 작가들의 전기를 조사함으로써 리코나의 논지를 검증하고 뒷받침한다. 그는 특히 리코나가 연구한 전기의 주인공들은 플루타르코스의 저술 시점으로부터 최소 140년, 최대 192년 전에 죽은 인물들이라는 점에서 한계가 있다고 보고 더 짧은 기간에 저술된 전기들을 연구함으로써 복음서와

---

19   Ibid., 20-21.

의 비교의 적실성을 높이고자 했다. 권영주는 크세노폰(때로는 네포스와 플루타르코스)의 『아게실라오스』(*Agesilaus*)와 『헬레니카』(*Hellenica*)를 함께, 수에토니우스와 플루타르코스의 『갈바』와 타키투스의 『역사』를 함께, 그리고 수에토니우스와 플루타르코스의 『오토』와 타키투스의 『역사』를 함께 비교한다. 그 결과 리코나가 제시한 여덟 가지 작법이 복음서 이전의 전기들에서도 유사하게 사용되었음을 확인한다.[20]

권영주는 다른 글에서 리코나의 여덟 가지 범주 가운데 여섯 가지가 복음서에 사용된 사례를 다음과 같이 제시한다. (1) 전가: 마가복음 10:35-45에는 야고보와 요한이 예수께 자신들을 주의 좌우편에 앉게 해달라고 요청하는 장면이 나오는데, 마태복음을 보면 요청한 장본인이 그들이 아니라 그들의 어머니다(마 20:20-28). (2) 이동: 예수께서 제자들에게 어린아이와 같지 않으면 천국에 들어갈 수 없다고 말씀하신 맥락이 공관 3복음에서 모두 다르다(마 18:1-3; 막 10:13-16; 눅 18:15-17). (3) 결합: 마가복음 3:2-5, 마태복음 12:10-13, 누가복음 6:7-10과 14:1-6에는 예수께서 안식일에 병자를 고치신 사건이 기록되어 있는데, 자세히 비교해보면 본문의 디테일 중 일부가 서로 결합되어 있는 것을 볼 수 있다. (4) 축약: 예수께서 회당장 야이로의 딸을 고치신 사건이 공관복음에 모두 나오는데, 야이로가

---

20 Youngju Kwon, "Reimaging the Jesus Tradition: Orality, Memory, and Ancient Biography" (Ph.D. diss., Asbury Theological Seminary, 2018), 144-288.

예수께 간청하고, 예수께서 집으로 가시는 중에 딸이 죽은 시간적 흐름이 마태복음에서는 간단히 축약되어 있다(막 5:21-43; 마 9:18-26; 눅 8:40-56). (5) 스포트라이트: 부활의 새벽 무덤을 찾아간 여인들을 보여주는 장면에서 요한복음은 막달라 마리아에게 스포트라이트를 비춘다(막 16:1-2; 마 28:1; 눅 23:55-24:3; 요 20:1-2). (6) 단순화: 요한복음은 예수께서 죽음을 대면하며 확신에 찬 모습을 보여주기 위해 공관복음에 나오는 주저하고 당황하는 모습을 삭제하여 이야기를 단순화한다.[21]

이처럼 역사와 전기에 부정확한 사실이 적잖이 담겨 있다는 것을 어떻게 이해해야 할까? 그것은 그 당시 역사가와 전기 작가들이 사실을 보존하는 일에 무관심했기 때문이 아니다. 그들은 대개 역사는 진실을 담아내야 한다는 분명한 확신을 가지고 있었고ー물론 저자들에 따라 차이는 있을지라도ー사실을 정확히 기록하려고 노력했으며, 다른 역사가들이 사적 이익을 위해 사실을 왜곡하는 것을 가혹하게 비판하기도 했다.[22] 그런데 왜 역사와 전기에 사실이 아닌 내용이 함께 담겨 있을까?

---

21 권영주, "복음서의 상이성은 왜 나타나는가?ー고대 전기 작가들의 작법 분석을 중심으로", 「신약연구」 17(2018), 463-85.

22 예를 들어, 역사 서술의 매뉴얼이라 할 수 있는 『역사를 어떻게 쓸 것인가?』(How to Write History), 7-9에서 사모사타의 루키아노스(Lucian of Samosata)는 그 시대의 역사가들이 역사를 숭덕문과 혼동하여 과장과 허위로 채우고 있으며 청중을 즐겁게 하려는 목적으로 진실에서 멀어지고 있다고 비판한다.

플루타르코스는 전기 작가로서 자신이 전기 장르를 어떻게 이해하고 있는지 작품 몇 곳에 밝혀놓았다(『니키아스의 생애』 1.5; 『폼페이우스의 생애』 8.7; 『키몬의 생애』 2.3-5, 『소 카토의 생애』 37.1-5 등). 그 가운데 『알렉산드로스의 생애』에 다음과 같은 언급이 있다. 이를 통해 우리는 사실에 관한 그 당시 전기 작가들의 생각을 엿볼 수 있다. 아래에 그 내용을 의역하여 소개한다.

> 인물의 모든 행위가 다 그의 인물 됨을 보여주지는 않는다. 예를 들어 수천 명을 죽인 전투나 도시를 함락시킨 일보다 오히려 한두 마디 말이나 우스갯소리가 그의 인간 됨을 더 잘 드러내 주기 마련이다. 그것은 마치 화가가 초상화를 그릴 때 얼굴과 눈의 표정에 주목하여 그의 사람 됨을 드러내고 신체의 다른 부위에 대해서는 거의 묘사를 하지 않는 것과 같다. 그처럼 나는 사람의 영혼을 보여주는 표정들에 집중한다(『알렉산드로스의 생애』 1.2-3).

플루타르코스의 이 말은 그가 여러 전기에서 같은 사건을 왜 서로 다르게 서술했는지 이해할 수 있게 해준다. 전기의 목적은 주인공의 인물 됨을 보여주는 것이기 때문에 그 목적을 위해 자료를 취사선택할 수 있고 또 사실의 디테일을 각색할 수 있다는 것이다. 이는 동시에 타키투스와 수에토니우스와 플루타르코스가 황제 오토의 자살 사건을 조금씩 다르게 기록한 것에 대한 간접적인 설명이 될 수 있다. 그 당시 사람들은 사실의 중요성을 인식하면서도 역사가와 전기 작가가 의도하는 의미를 잘 전달하기 위해 어느 정도 사실의 개작이 허용될 수 있다고 생각했음을 알 수 있다. 그렇게 함으로써 주인공의 인물 됨과 사건의 의미를 잘 드러내 줄 수 있다면 그것은 충분히 진실이라 여긴 것이다.[23]

그 외에도 역사와 전기의 서술에 사실적 차이가 나타나는 이유는 다양하다. 기억의 오류, 서로 다른 자료의 사용, 구전 과정에서 일어나는 내용 변화, 전기 장르의 유연성, 저자의 편집, 관점의 차이 등이 그에 포함된다.[24] 역사가는 자료를 사용할 때 사건의 서술을 원자료보다 더 개연성 있게 들리도록 개작하기도 한다. 그에 더하여 그리스-로마의 수사학 교과서들은 역사가들이 등장인물의 사람 됨이나 사건의 의미를 잘 보여줄 수 있는 연설을 작성하여 역사 서술에 포함할 수 있도록 연설 작문법을 가르쳐 주었다. 과학적 역사의 창시자로 불리는 투키디데스는 그가 연설을 어떻게 작성하는지에 관해 다음과 같이 말했다.

각각의 인물이 전쟁 중에 발언한 연설에 관해 말하자면, 직접 들었든 간접적으로 전해 들었든 나로서는 정확히 기억하기가 어려웠다. 그

---

23   Licona, *Why are there*, 8.

24   Ibid., 2.

래서 나는 실제 발언의 전체적인 의미를 훼손하지 않으면서 연설자로 하여금 그때그때 상황이 요구했음 직한 발언을 하게 했다(『역사』, 1.22).[25]

수사학에서 참과 거짓을 나누는 기준은 개연성에 있었다. 다시 말해서 역사가들에게 자료에 대한 비평적 분석만큼 중요한 과제가 그 내용을 사실적으로 설득력 있게 서술하는 것이었다. 이러한 문화는 역사와 전기에 어느 정도 허구적인 내용이 들어가는 것을 허용했다.[26] 또 그리스-로마 역사서들에는 신화와 초월적 요소들이 적지 않게 담겨 있다. 고대 "그리스인들에게 역사란 초월적 가치들이 예외적인 개인들과 국가들에 의해 모범적으로 드러난" 것이었기 때문이다. 그래서 그리스-로마 전기와 역사의 인물 서술은 인물들을 개별성을 지닌 역사적 개인으로서보다는 어떤 가치를 드러내는 '유형'과 '모범'으로 다루는 경향이 있었다.[27]

---

25 Thucydides, 천병희 역, 『펠로폰네소스 전쟁사』(서울: 도서출판숲, 2011), 44. 신약성경에서도 사도행전을 보면 베드로와 바울을 포함한 등장인물의 설교가 상당히 큰 비중을 차지하는 것을 볼 수 있는데, 이것은 그리스-로마의 역사 서술 관습에 부합한다.

26 그리스-로마 전기에 담겨 있는 허구적 요소에 대한 분석은 다음 책을 참조하라. Koen De Temmerman, Kristoffel Demoen, *Writing Biography in Greece and Rome: Narrative Technique and Fictionalization* (Cambridge: Cambridge University Press, 2016).

27 David E. Aune, *The New Testament in Its Literary Environment* (Philadelphia: Fortress, 1987), 64.

복음서의 사실성

지금까지 살펴본 그리스-로마 전기/역사의 사례들을 통해 우리는 신약성경이 기록되던 기원후 1세기 사람들의 '사실'에 관한 이해를 엿볼 수 있다. 그 시대 사람들에게 인식되던 사실성은 오늘날 실증주의에 의해 만들어진 사실성과는 많이 달랐다. 이것을 실증주의의 관점으로 보면 사실적 엄격성이 떨어진다거나 사실에 대한 민감성이 부족하다고 평가하게 될 것이다. 그러나 그것은 한 시대의 사고방식을 다른 시대에 잘못 적용하는 것이다.

앞에서 언급한 것처럼 오늘날 인문학계에서는 사실 그 자체(bare fact)를 추구하는 19-20세기 실증주의의 사실 이해가 한계를 가지고 있음이 널리 인식되어 있다. 더 나아가 AI의 발전을 통해 창작품이라 하기도 어렵고 모조품이라 하기도 어려운, 진품과 구별하기 힘든 가상 콘텐츠가 무한 생산되고 있는 오늘의 현실은 사실과 허구의 경계를 희미하게 만들고 사실의 이해에 또 다른 변화를 일으킬 것이다. 그런데 한 시대의 특수한 현상이었던 실증주의의 관점을 마치 영원한 잣대인 듯 절대시하여 기원후 1세기의 역사와 전기에 적용하려 한다면 그것은 시대착오적인 태도라 할 수 있다.

신약성경의 사실성은 그 시대의 '사실' 이해에 따라 평가해야 한다. 복음서는 그리스-로마의 역사와 전기가 저술되던 것과 비슷한 방식으로 저술되었으며, 그 시대의 기준으로 볼 때 그 역사성을 충분히 신뢰할 수 있는 책이다. 그러나 이 말은 어디까지나 기원후 1세기 지중해 연안 세계에서 통용되던 사실성을 기준으로 이해되어야 한다. 그 시대의 사실성은 오늘날 실증주의의 기준으로 보자면 충분히 엄격하지 않은 것이라 할 수도 있다. 그러나 그것이 예수 그리스도에 관한 역사적 사실을 담은 책으로서 복음서의 가치를 손상시키지는 않는다.

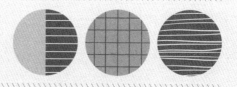

3장

복음서의 장르

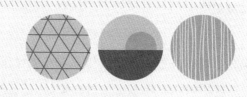

앞에서 우리는 복음서에 그리스-로마 전기와 유사한 저술 방법이 사용되었음을 살펴보았다. 이것은 복음서가 예수의 전기임을 보여주는 하나의 근거다. 이 책을 읽는 많은 독자에게 복음서가 예수의 전기라는 것은 증명할 필요가 없는 당연한 사실일 것이다. 신약성서 학자들도 오랫동안 그렇게 생각했다. 그러나 실증주의의 영향이 깊어지면서 20세기 초부터 한동안은 복음서가 전기가 아니라는 견해가 오히려 지배적이었다. 그러다가 20세기 후반부터 다시 새로운 연구와 발견이 이어지면서 지금은 다시 복음서를 전기로 보는 입장이 다수가 되어가고 있다. 이 장에서는 그 변화의 과정을 간략하게 정리해보고자 한다.

복음서의 장르를 규명하는 것이 왜 중요할까? 저자와 독자가 장르에 따라 다른 기대를 가지고 그 책을 대하기 때문이다. 예를 들어 소설의 저자와 독자는 그 작품에서 사실성을 우선적으로 기대하지 않는다. 그러나 전기나 역사서의 저자라면 당연히 그 책에 사실을 담고자 할 것이고 독자 역시 그 책을 통해 역사적 사실을 알고자 할 것이다. 만일 그 책의 사실성이 의심된다면 독자는 그 책의 역사서와 전기로서의 가치를 인정하지 않을 것이다. 사복음서가 예수의 전기라는 말은 저자들이 그 책에 예수에 관한 역사적 사실을 담으려 의도했고 그 시대의 독자들도 복음서에서 사실을 기대했음을 의미한다.

그러므로 복음서의 장르를 규명하는 것은 단지 전문가들에게만 의미가 있거나 현학적인 연구 주제가 아니다. 그 배후에는 다음과 같은 질문이 있다. 복음서 저자들은 예수의 말씀과 행적을 담은 서사(이야기)로서 복음서를 저술했다. 그렇다면 어떤 기대를 가지고 어떤 방식으로 저술했을까? 예수에 관한 역사적 사실을 충실히 담아내는 방식이었을까, 아니면 사실과 사실이 아닌 것을 자유롭게 섞어가며 이야기를 저술하는 방식이었을까? 그 당시 독자들은 복음서에서 예수에 관한 역사적 사실을 기대했을까? 아니면 사실과 관계 없이 예수가 어떤 분이신지 잘 보여주기만 한다면 그것으로 만족했을까?

복음서는 전기가 아니다

이 책의 첫 장에서 간단히 기술했듯이 실증주의로 대변되는 서구 사상계의 기조는 성서학에도 깊은 영향을 미쳤고, 이는 성서학에서 이미 이루어지고 있던 역사적 연구, 곧 성서에서 사실과 사실이 아닌 것을 구별해내려 하던 학문적 시도를 더 촉진시켰다. 복음서 분야로 좁

혀서 보자면 예수의 서술에 덧입혀 있는 신앙고백의 채색을 걷어내고 역사 속에 실제로 존재했던 예수의 모습을 재구성해내려 하는 '역사적 예수'(historical Jesus) 연구가 한동안 신약성서 학계에서 활발하게 일어났다. 18세기 후반에 시작되고 19세기에 꽃을 피워 한 세기 이상 연구가 이어진 후 알베르트 슈바이처(Albert Schweitzer)[1]가 그 성과를 정리하여 『역사적 예수 연구사』(*The Quest of the Historical Jesus*, 1906)를 출간했다.[2]

슈바이처의 평가는 충격적이었다. 그는 다음과 같이 지적했다. 성서학자들은 복음서를 교리적 해석으로부터 구해내고 예수의 모습을 있는 그대로 객관적으로 그려내겠다는 야심찬 목표로 연구를 진행했지만, 그 결과로 나온 것은 실제의 역사적 예수가 아니라 오히려 연구자들의 시대정신이 무의식적으로 반영되어 새로 만들어진 현대적 예수에 불과했다. 슈바이처의 분석에 의하면 18-19세기 연구가들이 그려낸 역사적 예수는 "합리주의가 디자인하고 자유주의가 생명을 불어넣었으며 역사로 위장한 현대 신학의 옷을 입고 있는 인

---

1   많은 사람에게 아프리카의 성자로 알려져 있는 그 슈바이처다.
2   이 책에서 슈바이처는 라이마루스(Hermann Samuel Reimarus)의 글 "Von dem Zwecke Jesus und seiner Junger"(예수와 그의 제자들의 목표들, 1778)로부터 시작하여 이 책의 출간 직전까지 약 130년간 발표된 글들을 분석했다. Albert Schweitzer, *The Quest of the Historical Jesus: A Critical Study of its Progress From Reimarus to Wrede*, https://www.gutenberg.org/files/45422/45422-pdf.pdf

물"[3]에 불과했다. 학자들마다 제각기 서로 다른 버전의 '역사적 예수'를 만들어내고 있었다. 그것은 각 시대가 자기 사조를 예수로 정당화하려 한 결과였다. 예를 들어, 라인하르트(Franz Reinhard)와 헤스(Johann Hess)와 파울루스(Heinrich Paulus)에게서 예수는 합리주의의 이상에 부합하는 참된 덕의 계시자였다.[4]

20세기 신약성서 신학에 큰 영향을 끼친 루돌프 불트만(Rudolf Bultmann, 1884-1976)은 이로부터 한 걸음 더 나아가서 충격적인 주장을 했는데, 그것은 복음서에 담겨 있는 것은 사실 그대로의 "역사적 예수"가 아니라 초기 그리스도인들에 의해 해석되고 그들의 신앙고백에 따라 재형성된 "신앙의 그리스도"라는 것이었다.[5] 복음서는 예수의 역사적인 삶과 인격에 대해서는 아무 관심이 없고 있더라도 파편적이거나 전설적이기 때문에 복음서에 토대하여 역사적 예수를 재구성하는 것은 사실상 불가능하다는 선언이었다.[6] 슈바이처와 불트만의 충격으로 한동안 서구 성서학계에서 역사적 예수 연구는 문을 닫게 된다. 대개 학자들은 이때까지의 연구를 역사적 예수에 관한 첫 번째 탐구(the First Quest of the Historical Jesus)로 분류한다.

---

3 Schweitzer, *The Quest*, 554.
4 Ibid., 10.
5 Rudolf Bultmann, *The History of the Synoptic Tradition* (tr. John Marsh; New York: Harper & Row, c1963, 1976), 370.
6 Rudolf Bultmann, *Jesus and the Word* (tr. L.P. Smith & E.H. Lantero; New York: Scribner, 1958), 8.

역사적 예수에 관해 알 수 없다면 우리는 기독교 신앙의 근거를 어디에 세울 수 있을까? 불트만은 역사적 예수가 아니라 복음서에 담겨 있는 케리그마[7]의 그리스도가 신앙의 근거가 되어야 한다고 주장했다. 우리는 성서를 읽을 때 그 안에 담겨 있는 케리그마를 통해 초기 그리스도인들이 신앙의 대상으로 고백한 그리스도를 만날 수 있으며 우리도 거기에 참여함으로 진정한 예수 그리스도 신앙에 이를 수 있다는 것이다. 그는 케리그마는 객관적 역사성에 관심이 없고 오히려 십자가에 달리시고 다시 살아나신 그리스도에 대한 신앙을 요청한다고 말했다. 그에게서 믿음은 역사적 사실을 받아들임에서 나오지 않고 케리그마의 신앙의 요청에 응답함으로써 시작된다.[8]

그 후 신약성서 학자들의 관심은 역사적 예수 직후의 시대 곧 초기 그리스도 교회의 시대로 옮겨가게 된다. 복음서에 담겨 있는 것

---

7 "케리그마"(*kerygma*)란 "선포(행위)"(고전 2:4; 15:14 등) 또는 "선포된 것"(고전 1:21; 롬 16:25 등)이라는 뜻의 그리스어다. 성서학에서는 이 용어가 자주 역사적 예수와 구별하여 초기 그리스도 교회가 신앙고백을 담아 예수에 관해 선포한 내용을 가리키는 말로 사용된다.

8 Rudolf Bultmann, "The Primitive Christian Kerygma and the Historical Jesus," *The Historical Jesus and the Kerygmatic Christ: Essays on the New Quest of the Historical Jesus* (tr. & ed. Carl Braaten & Roy Harrisville; New York: Abingdon, 1964), 17, 25. 역사가 아니라 케리그마를 신앙의 근거로 삼으려는 불트만의 시도는 레싱(Gotthold Lessing, 1729-1781), 트뢸취(Ernst Troeltch), 헤르만(Wilhelm Hermann), 켈러(M. Kähler) 등의 선례를 따른 것이다. 던(Dunn)은 이러한 흐름을 "역사로부터의 탈주"라는 이름으로 정리한다. James Dunn, 차정식 역, 『예수와 기독교의 기원(상): 역사적 예수, 복음서의 예수 그리고 하나님 나라』(서울: 새물 결플러스, 2010), 117-32.

은 역사적 예수가 아니라 초기 그리스도 교회의 신앙고백이므로, 그 신앙고백의 형성과 발전 과정을 분석하여 초기 그리스도 교회의 역사를 알아내자는 쪽으로 성서학 연구의 방향을 조정하게 된 것이다. 예수 직후 초기 그리스도 교회에서는 예수의 말씀과 행적이 구술의 방식으로 전달되며 정형화된 신앙고백(케리그마)이 형성되고 있었던 것으로 생각된다. 그 시대의 역사를 찾아내기 위해 불트만과 신약학자들은 복음서에서 구술 전승의 양식들을 복원해내고 그것의 역사적 배경(삶의 자리, Sitz im Leben)을 재구성하는 연구를 발전시킨다. 그러한 연구를 가리켜 양식사(Formgeschichte) 또는 "양식비평"(form criticism)이라 부른다.[9]

복음서의 내용에 대한 인식이 달라지면서 복음서의 장르를 바라보는 관점에도 변화가 일어났다. 불트만이 보기에 복음서는 예수에 관한 역사적 사실을 담고 있지 않으므로 예수의 전기일 수 없었다. 그에 의하면 복음서는 초기 교회의 케리그마가 모여서 하나의 책으로 발전하는 과정에서 또는 교리와 예배의 발전 과정에서 자연스럽게 이야기의 형식을 띠게 된 것이다. 불트만은 『신약성서 신학』(*Theologie*

---

9   불트만의 복음서 양식비평 연구 결과가 그의 『공관복음서 전승사』에 체계적으로 정리되어 있다. 이 책의 초두에서 불트만은 양식비평을 다음과 같이 정의한다. "[양식비평이란] 개별 전승 단위의 기원과 역사를 재발견하고 그리함으로써 그것이 문학적인 형태를 가지기 전의 전승사를 조명하는 것이다." Bultmann, *The History*, 4.

des Neuen Testaments)에서 그 발전 과정을 일곱 단계로 제시한다. 최초에 형성된 것은 예수의 죽음과 부활의 케리그마였고, 여기에 성만찬(고전 11:23-26)과 부활 현현(15:3-7) 이야기가 더해지고 기적 이야기와 다른 종류의 이야기들 그리고 최종적으로 도덕적 권면과 교회 공동체의 규정이 더해지는 순서로 발전하여 복음서가 형성되었다는 것이다.[10]

불트만에 의하면 이 과정에서 복음서 저자가 한 역할은 단순히 그 전승을 수집한 것에 불과하다. 그리고 복음서는 케리그마가 형성되고 확장되는 과정에서 태어난 민간 전승의 수집록에 불과하므로 일반 문학의 어떤 장르에 귀속시키기 어렵다.[11] 불트만은 복음서를 복음서 저자의 저술이 아니라 초기 그리스도 교회의 창작품으로 보아야 한다고 주장한다.[12] 이 점에서 불트만은 복음서가 민속문학 (Kleinliteratur)이라는 칼 슈미트(Karl Schmidt, 1891-1956)의 견해를 따르고 있다. 이것은 또한 복음서가 유대 문학이나 그리스-로마 문학에서 비슷한 사례를 찾을 수 없는 독특한 장르(sui generis)라는 주장의 논리이기도 하다. 그 외에도 복음서의 장르에 대한 다양한 제안들

---

10   Rudolf Bultmann, *Theology of the New Testament* (tr. Kendrick Grobel; New York: Charles Scribner's Sons, 1951), 86.

11   Bultmann, *The History*, 373-74.

12   Bultmann, "3. The Gospels(Form)," *Twentieth Century Theology in the Making Vol. 1. Themes of Biblical Theology* (ed. Jaroslav Pelikan; New York: Harper & Row, c1969), 89.

이 나왔다. 미드라쉬(M. D. Goulder), 소설(Randel Helms), 드라마(F. M. England) 등을 포함하는 그 제안들은 대개 복음서가 예수의 전기가 아니라는 판단하에 그럼 다른 어떤 장르인지 찾아내고자 한 것이다. 그러나 그렇게 나온 어떤 제안도 다수의 지지를 얻어내지는 못했다.

불트만이 제시한 논제들은 20세기 서구 신약성서 학계에서 복음서의 역사성을 부정하는 큰 흐름을 만들어냈다. 여기서 불트만이 비판받아야 할 점들과 더불어 기독교를 위해 기여한 점도 함께 고려할 필요가 있다. 그의 시도는 단순한 지적 놀음이 아니라 실증주의가 편만한 서구 사상계에서 성서와 기독교 신앙을 지켜내려는 그 나름의 노력이었다. 실증주의가 '베어 팩트'를 진리의 기준으로 세워놓은 시대에 불트만과 여러 학자들은 기독교 신앙이 역사를 초월한 것임을 보임으로써 그들 나름의 방법으로 서양 지성계에서 기독교 신앙을 지켜내고자 한 것이다.

그러나 복음서를 역사적 예수와 분리시키려 했던 불트만의 시도는 얼마 후 동일 진영 내에서 반대에 직면하게 된다. 그의 제자 에른스트 케제만(Ernst Käsemann)이 "역사적 예수의 문제"(Das Problem des Historische Jesus)라는 제목의 강연(1953)에서 불트만의 방향 설정에 대해 근본적인 문제 제기를 한 것이다. 케제만은 기독교가 하나의 신화로 해소되어버리지 않기 위해서는 교회가 선포한 그리스도와 나사렛 예수가 역사적으로 연결되어 있음이 입증되어야 함을 신약성서학계에 다시 환기시켰다.[13] 케제만의 문제 제기는 그 후 신약성서학에서 새로운 역사적 예수 연구(the New Quest of the Historical Jesus)가 시작되는 계기가 된다.

복음서는 전기다

불트만을 비판한 케제만의 논제가 복음서의 역사적 가치에 대한 전면적인 긍정으로 바로 이어진 것은 아니다. 그러나 이후의 연구를 통해 복음서의 역사성이 점차적으로 다시 드러나게 되었고, 복음서 저자에 대해서도 새로운 발견이 이어졌다. 그와 함께 신약 시대 유대인들과 그리스-로마인들의 문학적 환경에 관한 연구가 발전하여 고대의 전기 문학에 대해 더 잘 알게 되면서 복음서가 고대 그리스-로마의 전기 장르와 많은 특징을 공유하고 있음이 다시 부각되기 시작했다. 그와 함께 복음서를 전기로 볼 수 없다는 주장들은 하나씩 반박되기 시작했다.

불트만과 양식비평 학자들은 복음서를 단순한 전승의 수집물

13 　이 글은 그다음 해에 다음과 같이 출간되었다. Ernst Käsemann, "Das Problem des Historischen Jesus," *Zeitschrift für Theologie und Kirche* 51(1954), 125-53. 영문판은 다음 책에 수록되어 있다. E. Käesemann, *Essays on New Testament Themes* (London, SCM, 1964), 15-47.

로 평가했고 복음서의 장르를 규명하는 일 자체에 부정적이었으나, 그 후에 이루어진 연구들을 통해 복음서와 그 저자들이 새롭게 조명되었다. 특히 양식비평에 이어 순차적으로 발전한 편집비평(redaction criticism)과 서사비평(narrative criticism)은 복음서 저자의 창조성에 주목했고, 이어지는 연구를 통해 복음서의 신학적·문학적 통일성이 새롭게 드러나기 시작했다.

복음서의 장르 문제는 곧 복음서의 역사적 사실성의 문제이기도 하다. 불트만은 다음 세 가지 이유로 복음서를 예수에 관한 사실의 기록으로 볼 수 없다고 주장했다. (1) 복음서는 신화적[14]이지만 그리스-로마 전기는 그렇지 않다. (2) 복음서는 제의적이지만 그리스-로마 전기는 그렇지 않다. (3) 복음서는 현실 세계를 부정하는 공동체에서 태어났으나 그리스-로마 전기는 현실을 긍정하는 사람들에 의해 산출되었다.[15] 찰스 탈버트(Charles H. Talbert)는 1977년에 출간한 책 『복음서는 무엇인가?』(*What is a Gospel?*)에서 불트만의 세 주장을 하나씩 반박하며 복음서가 그리스-로마 전기 장르에 속함을 입증했다. 그는 불트만이 신화적 또는 제의적이라고 평가한 요소들이 그리스-로마 전기에도 비슷하게 나타나고 있는 사례들을 제시하고, 복음서가

---

[14] 오늘날의 일반적 어법에서 '신화'는 대개 '허황된 이야기'나 '날조된 거짓'을 뜻한다. 그러나 불트만이 그런 뜻으로 신화를 말한 것은 아니다. 여기서 '신화'란 한자어 표현의 문자적 의미와 같이 '신들의 이야기'다.
[15] Bultmann, "3. The Gospels(Form)," 87-89.

현실 부정적이라는 불트만의 주장이 오류임을 드러냈다. 그리고 그리스-로마 전기들 가운데서 현실 세계에 대해 복음서와 비슷한 태도를 보이는 작품들을 찾아 제시했다.[16]

복음서는 역사가 아니라 초기 그리스도 교회의 선포라는 불트만의 주장은 지나치게 단순한 이분법에서 나온 것이다. 역사와 케리그마는 상호 배타적인 범주가 아니기 때문이다.[17] 불트만의 이분법은 그가 실증주의적 관점에서 베어 팩트를 찾으려 하기 때문에 나온 오류일 것이다. 모든 사실이 의미의 옷을 입고 있듯이, 역사적 예수는 초기 그리스도 신앙고백의 옷을 입고 있다. 다시 말해서 복음서는 베어 팩트로서의 역사도 아니고, 역사적 사실을 배제한 것으로서의 케리그마도 아니다. 복음서는 역사로서의 케리그마, 케리그마로서의 역사다.[18]

어떤 학자들은 복음서의 구성이나 서술 방식을 근거로 복음서는 전기일 수 없다고 주장하기도 한다. 예를 들어, 대부분의 전기가 주인공의 탄생으로부터 시작되는 반면에 마가복음과 요한복음에는 예수의 탄생과 어린 시절 이야기가 빠져 있다. 마가복음은 예수의 생애 가

---

16 C. H. Talbert, *What is a Gospel?: The Genre of the Canonical Gospels* (Philadelphia: Fortress, 1977).

17 Aune, *New Testament*, 64.

18 뷔쉬코그(Samuel Byrskog)의 책 제목 『역사로서의 이야기, 이야기로서의 역사』(*Story as Hisotry, History as Story*)는 바로 그런 함의를 담고 있다. 이 책에 관해서는 다음 장에서 상세히 논하기로 한다.

운데서도 마지막 일주일에 매우 큰 비중을 할애하고 있다. 이것은 전기의 일반적인 서술 방식과 다르다. 그러나 그것은 오늘날의 전기를 기반으로 형성된 편견이다. 그 시대의 전기들 가운데 플루타르코스가 쓴 카이사르의 전기나 기원후 1세기 작품 『아이소포스의 생애』처럼 주인공의 장년 시절부터 시작하는 사례들이 적지 않게 발견된다.[19]

일반적으로 전기는 주인공과 관련된 사건들을 인과관계에 따라 발전적으로 기술하는 반면 복음서는 그렇지 않다는 점이 지적되기도 한다.[20] 불트만은 복음서가 예수의 인간 됨, 외모, 성격, 탄생, 교육, 발전 등에 무관심한 점을 제시한다.[21] 그러나 이 견해 역시 현대인의 상식을 고대의 문헌에 잘못 적용한 것이다. 고대 그리스-로마의 전기들은 주인공을 역사적 특수성을 가진 개별적인 인물로 그리기보다 집단의 가치를 대변하는 하나의 전형으로 다루는 경향이 있기 때문이다. 고대의 문헌들은 개인의 심리적 요소를 중요하게 다루지 않았다. 대개 개인의 특성은 그가 속한 친족과 집단에 의해 결정되고 그 특성은 변하지 않는 것으로 간주되었다. 예를 들어, 좋은 사람이 악해진

---

19 John Drury, *Tradition and Design in Luke's Gospel: A Study in Early Christian Historiography* (Atlanta: John Knox, 1976), 29; Craig Keener, 이용중 역, 『예수 그리스도 전기: 복음서의 기록은 신뢰할 만한 것인가?』(서울: 새물결플러스, 2022), 292-99.

20 David F. Strauss, *A New Life of Jesus* (London: Williams & Norgate, 1865), 1-4.

21 Bultmann, *The History*, 372.

것은 그 사람이 변해서가 아니다.[22] 본래 악한 사람이었는데 가장하기를 중단했을 뿐이다.[23]

데이비드 오니(David E. Aune)는 그의 책『신약성서, 문학적 배경에서 읽기』(*The New Testament in Its Literary Environment*)에서 한편으로 그리스-로마의 전기들과 다른 한편으로 유대 문학에 담긴 전기적 서술들을 상세히 조사하고 그것을 복음서와 비교하여 복음서가 전기 장르에 속함을 잘 보여주었다. 먼저 그는 장르를 규정하는 일이 매우 복합적이고 세밀한 분석을 필요로 하는 과제임을 강조한다. 고대의 전기 문학은 다양한 기원을 가진 매우 복합적인 장르였으며 하나의 엄격한 형식으로 고정되지 않은 채 계속하여 변화하고 발전해왔기 때문이다. 또 고대의 수사학 관행에서 저자의 창조성은 일반적으로 규정된 장르의 규범에서 벗어나는 방식으로 드러날 때가 많았으므로 복음서의 장르를 규명하는 일은 더 세밀한 고려를 요청한다.[24]

그는 장르를 "형식(구조와 문체 포함)과 내용과 기능을 포함하여 일관되고 반복되는 문학적 특징들의 구성을 보여주는 텍스트의 한

---

22 Aune, *New Testament*, 28, 63.

23 타키투스는 로마 황제 티베리우스에 대해 그러한 평가를 내린다. Tacitus, 『연대기』, 1.4.3과 6.51.3을 보라.

24 하나의 장르를 가리키는 용어로서 '전기'(그리스어 *biographia*)는 5세기 말에 이르러서야 사용되기 시작했다. 신약성서 시대인 기원후 1세기 그리스 작가들은 대개 전기를 '비오스'(*bios*)라 불렀고, 로마 작가들은 '비타'(*vita*)라고 불렀다. 비오스와 비타는 둘 다 '생애', '삶의 양식' 또는 '경력' 등을 뜻할 수 있다. Aune, *New Testament*, 22, 27, 29.

그룹"이라고 정의하고,[25] 복음서가 이 세 측면 모두에서 유대 문학과 그리스-로마 전기 문학의 여러 가지 특징들을 공유하고 있음을 잘 보여준다. 예를 들어, 서술 형식의 측면에서 마가복음의 첫 단어는 '시작'(Ἀρχή)인데, 이는 고대 역사와 전기 서술에 종종 사용되는 전문용어다. 그리스-로마 역사가들은 역사 서술이 그 기원에 기초해야 한다고 생각했다(Polybius, 『역사』 5.31.1-2; Tacitus, 『역사』 1.1.1 등). 마가복음을 비롯한 공관복음서의 초두에는 예수의 세례 장면이 나오며 하늘에서 들려온 음성이 예수가 하나님의 아들임을 선언하는데, 이는 그리스-로마 전기들이 조상, 탄생, 교육 등으로 주인공을 정당화함으로 시작하는 것과 유사하다.[26] 예수와 제자들이 함께 산책하며 나누는 대화(막 13:1-2)와 성전을 바라보며 앉아서 하는 대화(막 13:3-4)가 조합된 서술 방식을 그리스-로마의 전기 문학에서도 발견할 수 있다 (Plutarch, "On the Cessation of Oracles"; Varro, *On Agriculture* 등).[27]

복음서는 기능 면에서도 그리스-로마 전기와 유사한 특성을 가지고 있다. 복음서는 (1) 예수 이야기를 역사적으로 재현하는 한편, (2) 예수를 신앙의 대상으로 제시하는 과정에서 저자 시대의 관심과 상황이 자연스럽게 서사에 더해지고 있다. 이렇게 전기/역사에 담긴 인물/사건의 시대와 저자 시대의 두 층위에서 저술이 이루어지는 것

---

25   Aune, *New Testament*, 13.
26   Ibid., 48.
27   Ibid., 53.

은 고대 전기들에서도 동일하게 찾아볼 수 있는 특징이다. 오니는 복음서와 사도행전이 "서사 형식의 신학"이라면 그리스-로마 역사와 전기는 "서사 형식의 이데올로기"로 부를 수 있다고 말한다.[28]

복음서의 장르를 유대적 배경에서 찾지 않고 그리스-로마 배경에서 찾는 이유는 신약성서 시대까지 유대 문학에서는 전기가 하나의 독립된 장르로 발전하지 않았기 때문이다. 유대 문학에서는 주로 더 큰 이야기 속에 한 부분으로 전기적 서술이 포함되는 경우가 많다. 구약성경에서도 많은 사례를 발견할 수 있다. 창세기에는 아브라함과 이삭과 야곱의 이야기가 담겨 있고, 출애굽기-신명기에는 모세의 이야기가 담겨 있으며, 사무엘서에는 다윗의 이야기가 담겨 있고, 열왕기에는 엘리야와 엘리사의 이야기가 담겨 있다. 외경 마카베오상이나 희년서 그리고 요세푸스의 『유대 고대사』에서도 그런 전기적 서술을 찾을 수 있다. 그에 반해 그리스-로마 문학에서는 헤로도토스 직후부터 한 인물의 이야기에 집중하는 전기 문학이 발전하고 있었다.

복음서가 전기 장르에 속함을 가장 세밀하게 논증한 책은 리차드 버릿지(Richard Burridge)의 『복음서들은 무엇인가?』(*What are the Gospels?*)다. 버릿지는 자신의 박사학위 논문(1980)을 수정하여 출간한

---

28   Ibid., 60-62.

이 책에서 네 가지 기준으로 복음서와 그리스-로마 전기[29]를 비교한다. 그 네 가지 기준을 세부적인 요소와 함께 나열해보면 다음과 같다. (1) 도입부의 특징: 제목, 도입 어구나 문장, 서문, (2) 주제: 주어의 빈도, 주제에 할당된 분량, (3) 외적 특징: 재현 방식(구술/문자, 산문/운문, 대화, 드라마, 단절된 단락들, 계속된 서사), 운율(운문의 경우), 분량, 구조 또는 순서, 규모, 사용된 문학 단위들(프롤로그, 서문, 연설, 대화, 일화, 격언, 담화, 목록, 이야기, 노래, 막간 합창, 물리적·지리적 서술 등), 자료의 사용, 인물 묘사 방법, (4) 내적 특징: 배경, 주제(모티프), 문체, 어조/분위기/태도/가치, 인물 묘사의 특성, 저자와 독자들의 사회적 배경과 작품의 역할, 저자의 의도 또는 목적.[30]

버릿지는 기독교 이전의 전기 다섯 편과 기독교 이후의 전기 각 다섯 편을 선별하여 위에 제시한 상세한 범주들에 따라 분석하고 복음서가 그리스-로마 전기 장르와 많은 유사성을 공유하고 있음을 잘 보여준다. 그가 비교에 사용한 기독교 이전의 전기는 기원전 4세기 이소크라테스의 『에바고라스』와 크세노폰의 『아게실라오스』, 헬레니즘 시대 사티로스(Satyrus)의 『유리피데스』(Euripides), 로마인 작가 네포스(Nepos)의 『아티쿠스』(Atticus)와 유대교 철학자 필론(Philo)의 『모

---

29 버릿지의 연구에서 "그리스-로마 전기"는 그리스-로마 문학 관습의 영향을 받은 유대 전기들을 포함하는 개념이다.

30 Richard Burridge, *What are the Gospels?: A Comparison with Graeco-Roman Biography* (Cambridge: Cambridge University, 1992), 109-27.

세의 생애』다. 기독교 이후의 전기는 타키투스(Tacitus)의 『아그리콜라』(*Agricola*), 플루타르코스의 『소 카토』(*Cato Minor*), 수에토니우스의 『황제열전』, 루키아노스(Lucian)의 『데모낙스』(*Demonax*), 필로스트라토스(Philostratus)의 『티아나의 아폴로니우스』(*Apollonius of Tyana*)다.[31]

최근에 키너는 복음서의 전기 장르에 관한 포괄적이고 방대한 연구서를 출간했다. 『예수 그리스도 전기』(*Christobiography: Memory, History and the Reliability of the Gospels*, 2019)라는 제목을 단 이 책에서 그는 이 주제에 관해 그동안 나온 논의들을 집약하고 거기에 고대 전기 작품들에 대한 사례 연구를 더하여 우리가 전기라는 장르를 어떻게 이해해야 하고 복음서에 어떤 기대를 가질 수 있는지 보이고자 한다.

고대에 저술된 문서들 가운데 개별적 인물에 집중한 서사 장르에는 전기와 역사와 역사소설이 있었다.[32] 키너는 그중 역사소설이 대개 오래된 과거에 살았던 인물을 다룬 것이었음에 주목한다. 주인공을 직접 만나서 경험한 사람들이 다 죽고 주인공에 대한 생생한 기억도 대부분 사라진 후에 역사소설이 작성되는 경우가 많았다. 예

---

31   버릿지의 논지에 대한 좀 더 자세한 요약은 권영주, "복음서의 상이성은 왜 나타나는가?", 458-63을 보라. 다음 글들도 전기 장르로서의 복음서에 관한 상세한 논의를 담고 있다. Craig Keener, 이옥용 역, 『요한복음』(서울: 기독교문서선교회, 2018), 93-205; 권종선, "전기로서의 복음서 장르에 대한 논의와 평가," 「복음과 실천」 43(2009), 13-42.

32   Craig S. Keener, 이용중 역, 『예수 그리스도 전기: 복음서의 기록은 신뢰할 만한 것인가?』(서울: 새물결플러스, 2021), 98.

를 들어, 카리톤(Chriton)의 『카이레아스와 칼리로에』(*Chaereas and Callirhoe*)의 경우 역사적 배경에 대한 연구가 전혀 뒷받침되지 않았고 역사적 사실 정보에 제약을 받지 않은 채 자유롭게 서술되었다.[33] 키너는 그와 반면에 역사소설 가운데 가까운 과거에 살았던 인물을 대상으로 한 작품은 거의 없었다고 말한다.[34] 소설가는 역사적 사실에 제약을 받지 않는다. 그러나 복음서는 다르다. 공관복음서는 역사적 예수 이후 불과 40-50년 만에 저술되었고, 그 책들이 저술될 때는 예수의 목격자들이 아직 살아 있어서 그에 관한 생생한 정보들을 전해 줄 수 있었다. 동시에 그들은 복음서의 사실 정보를 검증하는 역할을 했을 것이다.[35]

---

33 Ibid., 94.

34 Ibid., 72.

35 지금까지는 주로 복음서의 역사적 신빙성이라는 차원에서 복음서의 장르 문제를 논의했다. 그럼 복음서를 전기로 받아들일 때 본문의 해석에도 어떤 변화가 일어나게 될까? 헬렌 본드의 다음 책은 마가복음 전체의 연구를 통해 그것을 보여주려 한 최초의 시도다. Helen K. Bond, 이형일 역, 『예수의 첫 번째 전기: 마가복음의 장르와 의미』(서울: 새물결플러스, 2023). 국내 학자들 가운데서도 권영주 같은 관심으로 마가복음의 다섯 본문을 해석한 논문들을 다음 책에 모아놓았다. 권영주, 『너희는 나를 누구라 하느냐?: 그리스-로마 전기 장르로 다시 읽는 마가복음』(서울: 감은사, 2023).

누가복음은 역사서다

복음서의 장르 문제에서 누가복음은 조금 다른 특징을 가지기 때문에 간략하게 언급하고 지나가는 것이 좋겠다. 누가복음과 사도행전은 연결되어 있는 한 편의 통일된 저술이므로 장르 규정에서도 두 책을 함께 다루어야 한다. 오늘날 많은 성서학자들은 누가복음과 사도행전을 합하여 역사서로 간주한다. 대개 전기는 한 사람에게 초점을 맞추는 반면에 역사는 더 넓은 범위로 많은 사건들을 포함한다. 그러나 역사서들이 종종 뛰어난 개인들에 초점을 맞추기도 했기 때문에 실제로 전기와 역사의 구별이 그리 뚜렷하지는 않다. 특히 로마 제국 초기에 전기와 역사 장르의 영역은 중첩되어 있었는데, 그것은 역사 서술이 황제의 업적에 집중되었기 때문이다.[36] 누가복음은 예수라는 한 인물에 초점을 맞추지만 사도행전과 함께 하나의 저술로 묶어서 역사로 이해해야 한다.[37]

누가복음의 서문(1:1-4)은 저자가 이 책을 역사서로 의도했음을 잘 보여준다. 서문의 존재 자체가 그리스-로마 역사서들의 특징이기도 했다. 2절에서 누가는 자신이 저술하는 복음서가 목격자들(αὐτόπται)의 증언에 기초한 것이라고 말하는데, 이는 누가복음이 그

---

36 Keener, 『예수 그리스도 전기』, 274; Bond, 『예수의 첫 번째 전기』, 96.
37 Aune, *New Testament*, 116-41.

리스-로마 역사가들이 추구했던 목격자 증언에 기초하고 있음을 잘 보여준다. "처음부터"라는 어구도 역사가들이 사용하는 상투적인 어구로서, 역사가가 저술한 사건들의 시작부터 그 사건들이 전개되는 내내 목격자들이 그 역사 현장에 함께 있었음을 주장할 때 쓰는 말이다.[38] 그 외에 족보의 사용, 심포지움(식사 장면이 가르침의 맥락이 됨), 여행 이야기와 '우리' 구절, 연설, 편지, 극적인 이야기, 여담 등도 누가복음-사도행전이 그리스-로마 역사서들과 공유하는 특징들이다.[39]

이처럼 누가복음의 장르는 사도행전과 함께 역사서로 규정하는 것이 옳겠지만, 누가복음이 다른 복음서들이 가지고 있는 전기의 특징들을 공유하고 있음 역시 분명하다. 그리스-로마 문헌들에서 역사와 전기의 구분은 이론적이었을 뿐 실제 저술 관행에서는 그 경계가 그리 분명하지 않았다. 특히 헬레니즘 시대 후기에는 역사 서술에서

---

[38] 러브데이 알렉산더(Loveday Alexander)는 "목격자"(αὐτόπται)라는 용어가 그리스-로마의 역사서에 많이 사용되지 않았음을 근거로 들며 이것은 역사가들의 전문 용어가 아니라고 주장한다. 그러나 뷔쉬코그와 보컴은 그 용어 자체의 용례와 관계 없이 역사가들이 목격자 증언을 중시하고 그것을 역사의 중심 자료로 삼았던 사실 자체를 더 중시해야 한다고 말한다. Loveday Alexander, *The preface to Luke's Gospel: Literary Convention and Social Context in Luke 1.1-4 and Acts 1.1* (Cambridge: Cambridge University Press, 1993), 34-41, 120-23; Samuel Byrskog, *Story as History - History as Story: The Gospel Tradition in the Context of Ancient Oral History* (Boston: Brill, 2002), 48-49; Richard Bauckham, 박규태 역, 『예수와 그 목격자들: 목격자들의 증언인 복음서』(서울: 새물결플러스, 2017), 202-3, 618-20.

[39] Aune, *New Testament*, 120-31.

인물 묘사에 대한 강조가 늘어나면서 두 장르가 함께 가는 경우가 많았다.[40] 앞에서 언급한 것처럼 이런 특징은 유대인들의 문헌에서 더 강하게 나타난다. 유대 문헌에서는 다윗, 엘리야, 엘리사의 이야기처럼 한 인물의 전기가 독립된 작품으로 저술되지 않고 더 큰 역사 서술에 포함되는 경향이 있는데, 누가복음도 그와 비슷한 사례로 이해할 수 있겠다. 누가-행전 역사 속에 예수 그리스도에 관한 전기적 서술이 포함되어 있는 것으로 말이다.

---

40 Ibid., 30.

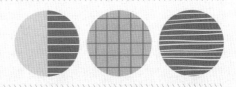

4장

구술문화와 문자문화

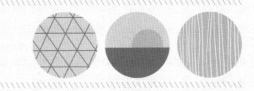

앞에서 우리는 복음서를 기원후 1세기의 전기/역사 서술과 비교해보고 복음서의 전기(역사) 장르에 관한 논의들을 살펴보았다. 독자들은 앞 장에서 다룬 '복음서의 장르'에 관한 논의뿐만 아니라 2장 후반부에서 살펴본 '기원후 1세기의 역사 서술과 사실 이해'를 통해서도 사 복음서가 그리스-로마의 전기/역사와 공유하는 특징이 많음을 확인할 수 있었을 것이다.

　이상의 서술을 통해 우리는 복음서가 그 시대 사람들이 가지고 있었던 사실성의 기준에 부합하는 책임을 알 수 있고 복음서의 역사적 사실성을 신뢰할 수 있다. 이것만으로도 "성경은 역사적 사실인가?" 하는 이 책의 중심 질문에 어느 정도 대답이 되었다 할 수 있다. 그러나 이 문제를 온전히 다루려면 반드시 통과해야 할 중요한 관문이 하나 더 남아 있다. 그것은 복음서의 구술성에 관련된 문제다. 이 책의 후반부에 해당하는 4-5장에서는 복음서의 역사적 사실성과 관련하여 반드시 함께 고려해야 할 '구술성'이라는 주제를 조금 긴 호흡으로 살펴본 후에 이 책의 논의를 마무리하고자 한다.

복음서의 구술 단계

질문을 하나 던져보자. 복음서들은 어떻게 기록되었을까? 오늘날의
상식대로 하자면, 제자들이 예수의 말씀을 메모해 두었다가 예수의
부활 승천 후 그 내용을 종합하여 복음서를 기록했을 것이라고 기대
할 수 있다. 우리가 일기를 쓰거나 강의를 들으며 필기를 하고 자료를
정리하여 책을 쓰는 것처럼 말이다. 그러나 예수의 제자들이 그리했
을 가능성은 많지 않다. 왜냐하면 그 시대 사람들 대부분은 글이 아니
라 말로 소통하고 기억을 통해 정보를 보존하는 구술문화 속에 살고
있었기 때문이다. 문자 기록이 있었으나 그것은 어디까지나 구술 소
통과 암기를 돕는 보조 수단에 가까웠고, 그것도 교육을 받을 수 있는
엘리트 계층에 국한되었을 뿐이다. 처음 예수를 따른 사람들은 대부
분 사회적으로 낮은 계층에 속해 있었다.[1] 또 요즘처럼 아무 곳에서나
필기도구를 구할 수 있는 여건이 아니었고 가격도 비쌌기 때문에 글
쓰기는 일상적인 활동이 되기 어려웠다.

　사복음서의 저자들 가운데 마가와 누가는 예수의 제자가 아니

1　예수를 따른 사람들 가운데 소수나마 글을 아는 사람들이 있었을 수 있다. 예를 들
어, 세리였던 누가 또는 마태는 세금 수납을 기록해야 했으므로 글을 알았을 것이
다. 그러나 '글을 안다'고 하더라도 이름과 숫자를 간단히 쓸 수 있는 정도의 앎과
책을 저술할 정도의 앎 사이에는 큰 차이가 있다. 신약성서 시대 사람들의 문해력
에 대해서는 다음 책을 참조하라. William V. Harris, *Ancient Literacy* (Cambridge,
Mass.: Harvard University Press), 1989.

다. 그러므로 두 사람은 다른 사람들을 통해 예수에 관한 자료를 입수하여 복음서를 저술했을 것이다. 마태는 예수의 열두 제자 가운데 하나다. 그런데 보수와 진보를 불문하고 신약성서 학자들의 대다수는 마태가 마가복음을 자료로 사용하여 마태복음을 저술했다는 마가 우선설을 받아들인다. 마태는 예수의 직제자이므로 마가보다 예수에 관해 더 잘 알았을 텐데 왜 마가복음을 자료로 사용했을까? 그리스어 성경에서 마태복음을 찾아보면—다른 복음서와 같은 형식으로—"마태에 따른"(KATA MAΘΘAION, According to Matthew)이라는 제목이 붙어 있다. 이 말은 마태복음의 저술에 마태가 중요한 역할을 했음을 보여준다. 그러나 마태가 직접 저술했다거나 마태복음의 모든 내용이 사도 마태를 통해 전달되었다는 뜻은 아닌 것 같다. 요한복음의 저자는 "예수께서 사랑하시던 제자"인데 그가 사도 요한인지에 대해서는 학자들의 입장이 나뉘어 있다. 사도 요한이 요한복음에 담긴 내용의 가장 중요한 출처라고 보는 학자들도 요한복음 전체를 그가 혼자 다 썼다고 생각하지는 않는 경우가 많다.

이렇게 보면 사복음서에 담긴 내용 가운데 많은 부분은 저자들이 예수 사건을 직접 경험하고 쓴 것이 아니라 다른 사람들을 통해 전달된 자료들을 사용하여 저술했음을 알 수 있다. 그들은 예수에 관한 자료를 어떻게 입수했을까? 보수와 진보를 포함하는 신약성서 학자들의 대다수는 복음서가 저술되기 전에 예수의 말씀과 행적이 사도들과 목격자들의 선포를 통해 전달되고 기억으로 보존되던 기간이 있었다는 데 동의한다.[2] 그러므로 복음서를 온전히 이해하기 위해서는 복음서 자료의 구술 전달 과정에 대한 이해가 꼭 필요하다. 특히 복음서의 역사성을 다루는 이 책에서는 더 말할 나위가 없을 것이다. 왜냐하면 구술을 통해서는 문자 텍스트처럼 자구적으로 정확한 정보 전달이 어려우므로 복음서의 내용이 구술 과정에서 어떤 변화를 겪었을 것을 짐작할 수 있기 때문이다. 역사의 이 단계에서 예수 전승에 어떤 일이 일어났느냐에 따라 복음서의 역사적 사실성에 대한 판단이 크게 달라질 수 있다.

성서학에서 이 구술 단계를 전문적으로 연구해온 분야 또는 방법론이 양식비평(form criticism)이다. 양식비평은 본래 독일에서 '양식사'(Formgeschichte)라는 이름으로 궁켈(Hermann Gunkel, 1862-1932), 노트(Martin Noth, 1902-1968)와 같은 구약성서 학자들에 의해 시작되었다. 그리고 슈미트(Karl Ludwig Schmidt, 1891-1956),[3] 디벨리우스(Martin Dibelius, 1883-1947),[4] 불트만(Rudolf Bultmann, 1884-1976)[5]과 같은 신

---

2 그 과정에서 구술의 보조 수단으로 기록이 사용되었을 가능성은 있다. 그러나 중심 수단은 구술이었음이 분명하다.

3 슈미트의 양식비평 연구를 대표하는 저서는 Karl Schmidt, *Der Rahmen der Geschichte Jesu* (Berlin: Trowitzsch, 1919)다.

4 대표적인 저서는 다음과 같다. Martin Dibelius, *Die Formgeschichte des Evangeliums* (1919). 다음과 같이 영어로 번역 출간되었다. *From Tradition to Gospel* (tr. B. L. Woolf; London: Nicholson and Watson, 1934).

5 불트만의 복음서 양식비평을 대표하는 책은 다음과 같다. Rudolf Bultmann, *Die Geschichte der Synoptischen Tradition* (1921). 이 책은 우리말로도 번역되었다. 『공관복음서 전승사』(서울: 대한기독교서회, 1970).

약성서 학자들이 그것을 이어서 발전시켰다.

앞에서 본 것처럼 양식비평은 성서의 역사성에 대한 평가에서 긍정적이기보다는 주로 부정적으로 기여해왔다. 20세기 후반에 들어서면서 양식비평의 한계가 재조명되었고 편집비평과 서사비평을 포함하는 새로운 방법론들이 부상했으나 양식비평이 복음서의 역사성에 끼친 부정적 인상은 꽤 오랫동안 유지되어왔다. 그러나 서양 고전학, 인류학, 문학, 역사학, 철학을 비롯한 여러 분야에서 구술성에 관한 연구가 활발해지고[6] 그 연구 성과가 성서학에 다시 유입되면서 복음서의 구술성이 새롭게 조명되고 양식비평의 한계가 분명히 드러나게 되었다. 그와 함께 성서 전승의 역사성에 대해서도 재평가가 이루어지고 있다. 다음 장에서 본격적으로 양식비평의 한계를 찾아보기 전에 먼저 신구약 성경에 담겨 있는 구술문화의 흔적들을 살펴보고 구술성 연구의 기초적인 개념들을 정리해보기로 하자.

---

6 구술성 연구는 월터 옹(Walter Ong)의 책 『구술문화와 문자문화』(*Orality and Literacy*, 1982)와 함께 전성기를 맞이했다. 그 책이 나오기까지 밀만 패리(Milman Parry, 1902-35)와 앨버트 로드(Albert B. Lord), 에릭 해블록(Eric A. Havelock), 잭 구디(Jack Goody) 등이 구술성 연구의 기틀을 놓았다. 우리말로 번역된 책들은 다음과 같다. Eric Havelock, *Preface to Plato*, 이명훈 역, 『플라톤 서설』(파주: 글항아리, 2011); *The Muse Learns to Write: Reflections on Orality and Literacy from Antiquity to the Present*, 권루시안 역, 『뮤즈, 글쓰기를 배우다: 고대부터 현재까지 구술과 문자에 관한 생각』(파주: 문학동네, 2021); Jack Goody, *The Domestication of the Savage Mind*, 김성균 역, 『야생정신 길들이기: 인간 정신의 발달 과정을 해명하다』(서울: 푸른역사, 2009); Walter Ong, 임명진 역, 『구술문화와 문자문화: 언어를 다루는 기술』(서울: 문예출판사, 1995).

구술문화에서 문자문화로

우리는 한글을 사용하여 자유롭게 의사소통을 한다. 한글은 자음 14개와 모음 10개로 거의 모든 말소리를 표현할 수 있다. 말로 할 수 있는 내용이라면 글로 적을 수도 있다. 영어 역시 자음과 모음을 포함한 로마자 알파벳 26개로 대부분의 소리를 표현할 수 있다. 한글과 로마자 알파벳은 아이들도 쉽게 배울 수 있으며, 어떤 생각이든 말하는 사람이 원하는 바를 어렵지 않게 표현해낼 수 있다.

한글과 로마자를 포함하는 표음문자 시스템이 적은 수의 알파벳으로 거의 모든 소리를 글자로 옮길 수 있는 것은 말소리를 자음과 모음으로 분리해낸 과학적인 음운표기 방법 덕분이다. 예를 들어, 일본어는 자음과 모음이 분리되지 않은 음절 문자를 사용하는데, 50개의 히라가나 또는 가타가나로 표현할 수 있는 소리는 극히 제한되어 있다. 그래서 일본어에는 없는 발음이 많다. 한자와 같은 표의문자는 말할 것도 없다. 한자를 마스터하려면 약 5만 자를 배워야 한다. 우리는 한글이라는 탁월한 문자 시스템에 익숙해 있다 보니 이것을 당연한 것으로 여기기 쉬우나 알파벳은 인류가 오랜 문자 실험 과정을 거쳐서 고안해낸 인류 역사 최고의 발명품 가운데 하나다.

인류가 문자를 사용하기 시작한 것은 기원전 3천 년대로 알려져 있다. 메소포타미아의 설형문자(쐐기문자, cuneiform)와 이집트의 상형문자(hieroglyphics)가 각각 양대 문명의 발상지에서 문자의 시대를 열었다. 한자의 기원으로 알려진 중국의 갑골문은 가장 오래된 것이 기원전 14-11세기로 추정된다.

이렇게 이른 시기에 문자가 개발되었으나 그것과 함께 바로 문자문화가 시작된 것은 아니다. 글자가 만들어진 후에도 상당히 오랫동안 글자는 소수의 전유물이었다. 특히 쐐기문자, 상형문자, 한자와 같은 문자들은 엘리트 집단의 전유물이었다. 무엇보다 이 글자들은 배우기 어렵다. 쐐기문자와 이집트 상형문자는 매우 복잡하고 조잡하며 최소한 6백 개의 기호들이 사용된다. 한자로 제대로 소통하려면 최소한 3천 자는 알아야 하고, 5만 자를 마스터하여 유창하게 사용하려면 20년간 글자를 배워야 한다. 그래서 고대 이 지역들에서는 문자를 아는 종교, 행정, 상업 전문가들이 엘리트 집단을 형성하여 글자의 사용을 독점했다. 그 결과 글자는 지배 질서 유지에 주요한 수단이 되었고 그 목적에 부합하는 것들만 기록에 남을 수 있었다.[7]

알파벳과 함께 일어난 변화

문자의 대중화는 소리를 자음과 모음으로 나누어 표기하는 알파벳 문자가 개발된 후에 비로소 가능해졌다. 그러한 온전한 표음문자로 역사상 가장 먼저 태어난 것이 그리스어 알파벳이다. 지금까지 발견

---

[7]   Jack Goody, Ian Watt, "The Consequences of Literacy," *Literacy in Traditional Societies* (Cambridge, England: Cambridge University Press, 1968), 35-38.

된 가장 오래된 그리스어 기록물은 기원전 8세기의 것이다.[8]

　잭 구디(Jack Goody)와 이안 와트(Ian Watt)는 그리스어 알파벳이 대중화함으로써 민주주의와 합리적 사고, 그리고 역사 기록이 시작되었다고 분석한다. 한글과 영어가 그런 것처럼 그리스어 알파벳은 배우기 쉬우므로 많은 시민이 익혀서 사용할 수 있었고, 많은 사람이 글을 깨침으로써 민주주의의 기반이 마련되었다는 것이다. 나아가서 문자는 사람들이 생각하는 방식에도 차이를 만들어냈다. 구술을 통한 소통은 말하는 사람과 듣는 사람이 한 공간에서 밀접하게 대면하여 이루어지며 많은 경우 정서적 교감이 동반된다. 이러한 상황에서는 공동체 정서가 강화되는 반면에 비판적 사고가 발전하기는 힘들다. 그러나 문자를 이용한 소통에서 글을 읽는 사람은 대개 글을 쓴 사람으로부터 분리되어 있다. 글을 쓸 때는 독자가 그 자리에 없고, 글을 읽을 때는 저자가 그 자리에 없는 것이 보통이다. 저자와 독자 사이에 만들어지는 그 거리로 인해 비판적 사고가 가능해진다. 이러한 과정이 심화된 결과 서양철학이 형성되었다.[9]

　이러한 비판적 사고는 철학뿐 아니라 역사 의식에도 영향을 미

8　그리스어 알파벳으로 된 비문으로 가장 오래된 것은 기원전 720-700년경에 기록된 것으로 알려진다. Goody, "Watt, The Consequences of Literacy," 42.

9　잭 구디는 나중에 편찬해낸 사회인류학의 명저 『야생 정신 길들이기』(*The Domestication of the Savage Mind*)에서 그 주제를 좀 더 상세히 다루었다. Jack Goody, 『야생 정신 길들이기』, 90-91, 105.

쳤다. 모든 사건이 구술로 전달되는 상황에서는 어제 한 이야기와 오늘 한 이야기가 다르더라도 정확히 구별해내기 힘들다. 그러나 그것을 글로 적어놓고 보면 서로 다른 서술의 차이가 뚜렷이 드러난다. 글쓰기가 시작되면서 그리스 사람들은 문서 기록들 사이에 존재하는 사실적 차이에 눈을 뜨게 되었고, 그 가운데 무엇이 정말 사실인지 묻게 되었다. 이러한 경험과 숙고를 통해 사실(fact)과 사실을 다루는 장르로서의 역사 서술(historiography)에 대한 관심이 형성되기 시작했다.[10] 헤로도토스와 투키디데스의 역사서가 바로 그런 과정을 통해 탄생했다.

물론 위와 같은 분석에는 몇 가지 단서가 함께 달려야 한다. 먼저 알파벳의 개발이라는 단 하나의 요인으로 모든 것을 다 설명하는 것은 무리이므로 다양한 요인들을 함께 고려할 필요가 있다.[11] 그리스에서 알파벳의 대중화에는 다른 물적 변화도 큰 기여를 했다. 그 가운데 하나는 이집트에서 파피루스가 수입됨으로써 문서 기록이 더 편리해

---

10 호메로스의 『일리아스』와 『오디세이아』는 구술 시대에 형성되었고 그리스어 알
    파벳이 개발된 후 문서화된 것으로 여겨진다. 이 책들에는 역사와 신화와 전설이
    뒤섞여 있었다. 두 책이 문서화된 후 다음 세대는 여러 가지 질문을 제기하기 시작
    했을 것이다. 그들의 신들과 영웅들에 관한 정보는 어느 정도 문자적으로 받아들
    일 만한가? 잠재되어 있는 불일치들을 어떻게 설명할 수 있을까? 그 안에 담겨 있
    는 신념들과 태도들이 어떻게 오늘날의 그것들과 조화될 수 있을까? 등등. Goody,
    Watt, "The Consequences of Literacy," 44; Goody, 『야생 정신 길들이기』, 48.
11 그러한 비판 가운데 하나로 Rosalind Thomas, *Literacy and Orality in Ancient
    Greece* (Cambridge, England: Cambridge University Press, 1992), 17ff.을 참조하
    라.

지고 비용이 절감된 것이다. 그 외에도 구디와 와트는 기원전 8세기 그리스의 경제 성장, 다른 지역보다 중앙화의 정도가 약했던 것, 그리고 동방과의 접촉으로 물질적 번영과 기술적 진보를 이룬 것 등을 알파벳 확산의 사회적 배경으로 제시한다.[12]

여기서 '대중화'라는 말은 그 시대의 상황에 비추어 상대적으로 이해해야 한다. 이것은 그리스 특히 아테네의 특정 시민 계층을 중심으로 글을 읽고 쓸 수 있는 사람이 이전 시대에 비해 그리고 다른 지역에 비해 훨씬 더 많아졌다는 뜻이지 오늘날처럼 거의 모든 사람이 글을 사용했다는 뜻은 아니기 때문이다. 시간적으로 볼 때, 이러한 모든 과정이 단기간에 이루어진 것은 아니다. 역사가 헤로도토스와 투키디데스 그리고 철학자 플라톤은 모두 기원전 5세기에 각각 역사와 철학의 시대를 열었다. 그리스어 알파벳이 기원전 8세기에 개발된 후 위에 서술한 변화들이 눈에 띄게 나타나기까지 대략 3세기 정도의 기간이 소요되었음을 알 수 있다.[13]

3세기가 길게 생각될 수 있으나 다른 종류의 문자들에서 나타난 변화와 비교하자면 오히려 매우 짧은 기간이다. 앞에서 언급했듯이 대부분의 고대 사회에서 글자는 지배계층의 독점적인 전유물이었고, 심지어 초기에 문자 기록은 비밀스러운 마술적 힘을 가지는 도구

---

12 Goody, Watt, "The Consequences of Literacy," 41.
13 그리스어 알파벳이 고안된 후의 대중화 과정에 관해서는 Havelock, 『플라톤 서설』, 56-63을 참조하라.

로 여겨졌다.[14] 글자는 대중의 삶에서 멀리 떨어져 있었다. 구약성경의 언어인 히브리어의 경우도 문자가 개발된 후 글이 대중적으로 확산되기까지 매우 오랜 시간이 걸렸다.

그리스어 알파벳은 셈어 가운데 하나인 페니키아어가 북시리아를 통해 그리스로 유입되어 발전한 것으로 알려져 있다. 히브리어도 아랍어와 함께 셈어에 속한다. 셈어는 그리스어와 같은 표음문자이지만, 자음만 있고 모음이 없다. 그래서 읽는 사람이 알아서 모음을 붙여가며 읽어야 한다. 말하자면 셈어로 쓰인 글은 텍스트만 가지고는 온전히 이해할 수 없고 반드시 비텍스트 데이터에 함께 의존해야 한다. 그것은 저자와 독자가 완전히 구별된 비대면 소통과 비판적 추론을 제약하는 요인이 되었다. 문자로 기록된 후에도 여전히 저자의 도움이 필요했기 때문이다.[15] 그리스어 알파벳이 문자문화를 본격적으로 열어준 문자라 한다면, 히브리어를 포함하는 셈어는 구술문화에서 문자문화로 넘어가는 단계에 개발되었던 문자라 할 수도 있겠다. 이러한 한계로 인해 셈어는 대중적으로 확산되는 데 많은 기간이 소요되었고, 본격적으로 문자 시대를 여는 주도적 역할을 셈어보다 늦게 개발된 그리스어에 양보할 수밖에 없었다.[16]

---

14 Walter Ong, 임명진 역, 『구술문화와 문자문화: 언어를 다루는 기술』(서울: 문예출판사, 2021), 158.

15 Ong, 『구술문화와 문자문화』, 154-55.

16 월터 옹은 한글 알파벳에 대해서는 다음과 같이 적고 있다. "알파벳의 역사에서 아

율법과 율법책

신명기 31장을 보면 하나님께서 모세에게 율법을 책에 기록하라고 명령하시는 장면이 나온다. 일반적으로 셈어가 개발된 것이 기원전 1500년에서 1000년 사이라 하고, 14세기에 기록된 히브리어 문서가 있다는 주장도 있으므로,[17] 모세를 13세기의 인물로 볼 때 그가 율법을 책에 기록했다는 것은 가능한 일이다. 그러나 율법책을 기록했다고 해서 모든 사람이 그 책을 읽은 것은 아니다. 문서 기록이 시작되는 것과 글자가 대중적으로 널리 사용되는 것은 별개의 문제이기 때

마도 가장 주목해야 할 유례없는 성과는 한국에서 1443년 조선의 왕 세종이 한국인을 위한 알파벳을 고안하라는 칙령을 내렸을 때 이룩되었다.…대대로 많은 조선인은, 즉 쓸 수 있는 모든 조선인은 인생의 상당한 시간을 복잡한 중국-조선식 철자법을 익히는 데 소비해왔다. 그들은 새로운 쓰기체계를 그다지 환영하지 않았다. 새로운 쓰기체계로 인해서 그들이 애써 습득한 기능이 시대에 뒤지게 되는 것을 원하지 않았기 때문이다. 그러나 조선 왕조의 권력은 강대했으며, 세종은 많은 저항을 예상하면서도 칙령을 내렸다.…세종이 모아들인 학자들은 선행 준비 기간을 거치기는 했지만 한국식 알파벳을 3년 만에 완성했다. 그 성과는 매우 훌륭하여 조선어 음운체계에 거의 완벽하게 적합하였고, 한자로 쓰인 텍스트의 외양과 유사하게 알파벳 기록물을 쓸 수 있도록 아름답게 도안되었다. 그러나 이 주목할 만한 성과도 수용 측면에서는 예상대로였다. 그 알파벳은 실제로는 학문 이외의 비속한 목적에만 사용되었다. '진지한' 작가들은 고통스러운 훈련 끝에 터득한 한자 쓰기체계를 계속 사용했다. 진지한 문학은 엘리트적이었으며 엘리트적으로 보이기를 원했다. 20세기에 이르러 한국이 한층 민주화됨에 따라 비로소 알파벳은 현재의 우위(아직 전적이지는 않지만)를 획득했다." Ong, 『구술문화와 문자문화』, 157-58.

17　Solomon Ganz, "Oral Traditon in the Bible," *Jewish Studies in memory of George A. Kohut* 1874-1933 (ed. Salo W. Baron, Alexander Marx; New York: The Alexander Kohut Memorial Foundation, 1935), 252.

문이다.

모세가 기록한 율법책은 어떤 역할을 했을까? 우리의 상식대로 하자면, 율법책이 여러 권으로 필사되어 이스라엘 백성 사이에 널리 읽히며 하나님의 뜻을 알리는 역할을 했어야 한다. 그러나 그러기까지는 오랜 시간이 필요했다. 열왕기하 22장으로 가 보자. 여기에는 모세로부터 약 6세기가 지난 후인 기원전 622/621년경 남유다의 요시야 왕이 종교개혁을 단행한 일이 기록되어 있다. 왕의 명을 받아 성전을 수리하던 대제사장 힐기야는 율법책을 발견하고 왕에게 보고했다. 서기관 사반이 요시야 앞에서 그 책을 읽었다. 요시야 왕은 책의 내용을 듣고서 옷을 찢었다. 그리고 그 말씀에 따라 이스라엘의 신앙을 바로잡았다. 그 가운데 하나는 율법에 기록된 대로 유월절을 지킨 것이다.[18] 그런데 열왕기하 23장까지 이어지는 내용을 잘 읽어보면 요시야와 이스라엘 백성은 율법책에 기록된 내용을 그동안 잘 알지 못하고 있었던 것 같다. 모세가 율법책을 기록했는데 왜 왕과 백성이 율법의 내용을 알지 못했을까?

율법에 관한 이러한 무지의 상태는 포로기 직후까지 이어졌다. 느헤미야 8장에는 바벨론 포로에서 돌아온 이스라엘 백성이 에스라의 지도하에 신앙을 갱신하는 장면이 담겨 있다. 일곱째 달 초하루에

---

18 많은 구약성서 학자들은 이때 요시야가 발견한 율법책에 신명기의 일부분인 소위 "신명기 법전"(신 12-26장)이 담겨 있었을 것으로 본다. B. W. Anderson, 김성천 역, 『구약성서 탐구』(서울: 기독교문서선교회, 2017), 536-38.

모든 백성이 수문 앞 광장에 모였고, 제사장 에스라가 그들 앞에서 율법책을 읽었다(1-12절). 다음 날에도 다시 모여서 책을 읽었다. 그러던 중에 책에서 일곱째 달에는 초막절을 지키라는 규정을 발견했다. 그들이 성회를 열어 책을 읽고 있던 시점인 바로 그 일곱째 달에 말이다. 이스라엘 백성은 율법 규정에 따라 초막을 짓고 이레 동안 절기를 지키며 여덟째 날에는 성회를 열었다. 본문을 잘 읽어보면, 그들은 율법책에 초막절에 관한 규정이 담겨 있음을 그때까지 모르고 있었음을 알 수 있다. 그 규정을 책에서 이제 처음 발견하고, 그들이 책을 읽던 그때가 바로 그 초막절 기간에 속함을 알게 된 것이다.

모세가 율법책을 기록했는데도 왜 이스라엘의 지도자들과 백성이 율법의 내용을 알지 못했을까? 책을 기록했다는 말이 모든 백성이 그 책을 읽었다는 말은 아니기 때문이다. 모세가 율법을 책에 기록한 주 목적은 읽기 위함이 아니었다. 책을 기록했는데 읽기 위해서가 아니었다니 그게 말이 되는가? 우리의 상식을 잠시 접어놓고 신명기 31장을 읽어보자.

> 모세가 이 율법의 말씀을 다 책에 써서 마친 후에 모세가 여호와의 언약궤를 메는 레위 사람에게 명령하여 이르되 "이 율법책을 가져다가 너희 하나님 여호와의 언약궤 곁에 두어 너희에게 증거가 되게 하라"(신 31:24-26).

모세는 율법책을 기록하여 언약궤 곁에 두었다. 언약궤는 지성소 안에 있고, 지성소에는 아무도 들어갈 수 없다.[19] 그렇게 모세의 율법책은 백성의 접근으로부터 완전히 차단되어 있었다. 그 책은 읽기 위해 기록된 것이 아니라 증거(증인)로 삼기 위해 기록되었기 때문이다(26절). 사람이 아닌 사물인 책이 증인이 된다는 말이 이상하게 들릴 수 있다. 그러나 구약성경을 읽어보면 모세는 하나님과 이스라엘 백성 사이에서 언약을 갱신하며 하늘과 땅을 증인으로 소환하기도 했고(신 30:19), 때로는 돌무더기가 증인의 역할을 하기도 했다(창 31:51-52; 수 4:6-7; 24:27 등). 책을 기록하여 읽지 않고 지성소에 고이 보관한다는 것이 오늘날의 상식으로는 이해하기 어려운 일이다. 그러나 아직 일차적 구술문화에서 살던 이스라엘 사람들에게는 그것이 오히려 자연스러운 일이었다. 앞에서 언급했듯이 구술사회에서 책은 비밀을 담은 신비한 물건으로 여겨졌기 때문이다.

율법책 외에 다른 책들의 존재도 구약성경에 언급된다. "야살의 책"(수 10:13; 삼하 1:18), "솔로몬의 실록"(왕상 11:41), "이스라엘 왕 역대지략"(왕상 14:19; 15:31; 16:5, 14, 20, 27 등), "유다 왕 역대지략"(왕상 14:29; 15:7, 23; 22:45 등) 같은 책들이다. 이 책들 가운데 아직 남아 있는 것은 하나도 없다. 그 이유는 아마도 책이 사람들의 일상적인 삶에

---

19 레위기 16장에 의하면, 오직 대제사장만 일 년에 단 한 번 대속죄일에 속죄 예식을 행하기 위해 매우 조심스럽게 거기에 들어갈 수 있었다.

가까이 있지 않았기 때문일 것이다. 자주 읽히지 않았으므로 필사해서 사본을 만들 필요도 없었을 것이고, 사람들의 시선에서 멀리 있다 보니 어느 사이에 잊히고 국가적인 재난 과정에서 사라져 버렸을 것이다.

율법을 보존하고 전달하는 역할을 책이 하지 않았다면 다른 어떤 방법으로 했을까? 율법은 기억으로 보존되고 구술로 전달되었다. 출애굽기 17장에서 하나님은 이스라엘이 아말렉과 싸워 이긴 후 모세에게 말씀하신다.

> 여호와께서 모세에게 이르시되 "이것을 책에 기록하여 기념하게 하고 여호수아의 귀에 외워 들리라[여호수아의 귀에 담아라]. 내가 아말렉을 없이하여 천하에서 기억되지 못하게 하리라"(출 17:14).

모세가 책을 기록한 이유는 읽기 위해서가 아니라 "기념"하기 위해서다. 마치 기념비를 세우는 것처럼 말이다. 그 책의 내용을 보존하는 방법은 따로 있다. 그것은 여호수아의 "귀에 담는 것", 곧 암기하게 하는 것이다. 그러면 다시 여호수아가 암기한 그 내용을 백성들의 귀에 구술로 전달할 것이다. 유대교 신학자 솔로몬 간츠(Solomon Gandz, 1883-1954)는 여호수아가 모세의 개인적인 '탄나'로서 율법을 외워서 암송하는 역할을 했을 것으로 본다.[20] 출애굽기 33:11에 의하면 모세의 젊은 수종자였던 여호수아는 회막을 떠나지 않고 모세를 섬겼는데, 이것은 간츠의 서술을 뒷받침하는 근거일 수 있다.

율법의 보존과 전달은 이렇게 사람을 통해서 직접 이루어졌기 때문에 어떤 사람들이 다음 세대를 잇느냐에 따라 율법을 지키는 삶의 내용이 달라질 수 있었다. 모세와 함께했던 여호수아와 그 시대의 장로들은 주님께서 그들에게 하신 일들을 경험하여 잘 알고 있었으나, 그들의 경험과 믿음은 다음 세대로 온전히 전달되고 이어지지 못했다. 사사기의 다음 서술을 자세히 살펴보자. 간츠는 이것이 구술 사회에서 흔히 일어나는 일이라고 말한다.[21]

그 세대의 사람도 다 그 조상들에게로 돌아갔고 그 후에 일어난 다른 세대는 여호와를 알지 못하며 여호와께서 이스라엘을 위하여 행하신 일도 알지 못하였더라(삿 2:10).

---

20 '탄나'(תנא, 복수형은 탄나임 תנאים)는 과거에 이스라엘의 학교나 학교장에 속하여 미쉬나를 암송하는 사람이었다. 이슬람 이전 시대 아랍의 시인들이 고용했던 '라위'도 그와 비슷한 역할을 했다 한다. '탄나임'이 나중에는 랍비 현자들을 가리키는 말이 되었다. Solomon Gandz, "Oral Traditon in the Bible," 254.

21 Ibid., 256.

토라의 편찬

구약성경 또는 유대교 성경의 중심을 이루는 토라(오경)가 편찬된 것은 바벨론 포로기 전후로 알려져 있다. 앞에서 살펴본 느헤미야 8장의 장면에서 에스라가 읽은 율법책은 이때 편찬된 토라의 완성본일 수도 있고 아직 편찬 단계에 있던 자료의 일부일 수도 있다. 기원전 5세기에 해당하는 이 시기를 전후하여 이스라엘은 책의 시대[22]로 접어들게 된다. 그러나 이것이 구술문화에서 문자문화로의 신속한 전환을 의미하는 것은 아니다. 율법이 책으로 기록되었으나 여전히 대다수의 유대인들은 글을 알지 못했고, 책을 읽고 쓰는 것은 소수의 전유물이었다. 책을 읽고 쓸 줄 아는 율법학자들[23]은 그것을 암송하여 입으로 백성들의 귀에 전달하는 일을 계속했다. 마치 책이 전혀 존재하지 않는 것처럼 말이다. 그들에게 책은 단지 구술의 보조 수단일 뿐이었다.

유대인들의 성경 연구가 구술문화를 중심으로 이루어졌음은 성경에서 반복되는 구절들을 통해 어렵지 않게 확인할 수 있다. 다음에

---

22 이것은 성경책이 신앙의 중심이 된 시대라는 뜻이다. 바벨론 포로기 전까지는 성전이 이스라엘 종교의 중심이었다. 그러나 바벨론 제국에 의해 성전은 파괴되고 유대인들이 여러 나라로 흩어지게 된 후, 그들은 토라를 편찬하고 그 책을 중심으로 삼아 하나님 신앙을 다시 일으켜 세우고자 했다.

23 구디와 와트는 신약성서에 종종 등장하는 서기관들이 바로 책을 읽고 쓰는 일의 전문가 곧 책을 다루는 장인들이었을 것이라고 말한다. Goody, Watt, "The Consequences of Literary," 40.

소개한 성경구절들과 그에 대한 설명은 간츠의 글을 인용한 것이다.[24]

> 내가 나그네 된 집에서 주의 율례들이 나의 노래가 되었나이다(시 119:54).

> 내가 주의 법을 어찌 그리 사랑하는지요. 내가 그것을 종일 작은 소리로 읊조리나이다(시 119:97).

위 구절들이 잘 보여주는 것처럼 성서 시대에 책을 읽는 것은 곧 가락을 붙여 노래로 읊조리는 행위였다.[25] 그리고 유대교에서 교육이란 마음판에 새기는 것, 곧 암송하는 것이었다. 이 과정에서 학자들과 제사장들은 일종의 오디오북과 같은 역할을 했다. 율법학교에서 학생들은 6-10세에 성경 전체를 '마음으로' 배웠다. 즉 성경을 다 외웠다. 토라를 배우고 나면 그다음은 미쉬나였다. 성경 각 절을 외우지 못하면 무식한 사람 취급을 받았다.[26] 다음 구절들을 보라.

> 인자와 진리가 네게서 떠나지 않게 하고 그것을 네 목에 매며 네 마음

---

24   Gandz, "Oral Tradition in the Bible," 258-59.

25   예배 시간에 성경봉독을 하거나 교독문을 읽을 때 우리는 그냥 읽지만 옛 사람들은 곡조를 붙여 노래로 불렀다.

26   Gandz, "Oral Tradition in the Bible," 259.

판에 새기라(잠 3:3).

제사장의 입술은 지식을 지켜야 하겠고 사람들은 그의 입에서 율법을 구하게 되어야 할 것이니…(말 2:7).

구약성경은 유대인들이 그렇게 암송하여 공부한 성경 말씀을 회중 앞에서 입으로 전달하던 행위를 가리켜 "증언"(חוּדָה)이라 부른다.

주의 증거[증언]들은 나의 즐거움이요 나의 충고자니이다(시 119:24).

구술 증언과 문자의 권위

여기서 한 가지 질문을 던져보자. 에스라 이후 율법은 기록된 문서와 구술 증언의 두 가지 형태로 존재했는데, 그 가운데 어떤 것이 더 권위를 가지고 있었을까?

오늘날 같으면 당연히 문서가 더 신빙성을 가질 것이다. 그러나 그 시대에 그리고 그 후에도 오랫동안 문서는 그 자체로 인정받지 못했다. 문서가 인정받기 위해서는 그 문서의 진정성을 입증하는 다른 장치가 필요했다. 마치 오늘날 서류를 공증하여 문서의 신빙성을 보증하듯 그 시대에 문서에는 일종의 공증이 필요했는데, 그 공증의 역할을 하는 것이 구술 증언이었다. 다시 말해서 그 시대에 구술로 보증되지 않은 문서는 인정받지 못했다.

미쉬나의 『피르케이 아보트』 첫 구절은 유대인들 사이에서 어떻게 구술 증언이 책을 공증하는 역할을 했는지 보여주는 좋은 사례다. 다음은 아보트 1:1의 첫 부분이다.

모세는 시내산에서 토라를 받아 여호수아에게 전달했다. 여호수아는 장로들에게, 그리고 장로들은 예언자들에게, 그리고 예언자들은 위대한 모임의 공회원들에게 전달했다.

유대인들의 구전 율법을 모은 미쉬나가 형성되던 시대에 토라는 이미 수 세기 동안 문서로 기록되어 내려오고 있었다. 그럼에도 불구하고 아보트의 첫 구절은 문서화된 토라의 진정성이 모세로부터 내려오는 전승의 체인에 의해 확인되지 않으면 안 되었음을 잘 보여준다.[27]

문서를 구술 증언으로 공증하는 장면은 요시야 왕의 개혁을 보도하는 열왕기의 한 구절에서도 확인할 수 있다. 성전을 수리하던 중 율법책을 발견했을 때 요시야 왕은 제사장들과 대신들을 여예언자 훌다에게 보내서 그 책의 말씀에 대하여 여호와께 묻게 한다. 이것은 사본의 진위를 판정하도록 지시한 것으로 이해할 수 있다. 율법책의 진위를 판정하는 기준은 오늘날처럼 사본의 연대를 추정하거나 저자

---

27   Ibid., 260.

를 가려내는 작업이 아니라 하나님의 말씀의 전달로서 권위를 가진 예언자의 증언을 확보하는 일이었다.[28]

오늘날의 상식으로 하자면 문서를 근거로 삼아 구두 진술의 진위를 검증하는 것이 옳을 것이다. 그러나 구술문화가 지배적이던 그 시대에는 그와 반대로 구술 증언이 문서를 검증하는 기준이 되었다. 이 시대 사람들이 글에 대해 가지고 있었던 일반적인 태도가 플라톤의 『파이드로스』와 『제7서한』에 잘 드러나 있다. 소크라테스는 파이드로스와 대화 중 문자 발명의 신화를 언급하며 다음 몇 가지 이유를 들어 문자를 비판한다. (1) 글은 배운 사람들로 하여금 기억에 무관심하게 만들어서 그들의 영혼을 망각에 빠뜨린다. (2) 글은 죽어 있다. 그러므로 질문에 대답하지 못한다. (3) 배우는 자의 영혼 속에 있는 말은 자신을 지킬 힘이 있고 말 상대를 해야 할 사람과 하지 말아야 할 사람들을 구별할 수 있으나, 글은 그리하지 못한다(『파이드로스』, 274-77).[29]

문자에 대한 이러한 비판적 태도는 그리스-로마의 역사가와 전기 작가들에게서도 그대로 드러난다. 헤로도토스 이래 고대의 역사

---

28 Anderson, 『구약성서 탐구』, 534.
29 플라톤의 『파이드로스』는 다수의 한글 번역본이 있다. 조대호 역, 『파이드로스』 (서울: 문예출판사, 2008); 김주일 역, 『파이드로스』(서울: 아카넷, 2020); 박종현 역, 『플라톤의 향연/ 파이드로스/ 리시스』(서울: 서광사, 2006); 천병희 역, 『플라톤전집 2 - 파이드로스/ 메논/ 뤼시스/ 라케스/ 카르미데스/ 에우튀프론/ 에우튀데모스/ 메넥세노스』(서울: 도서출판숲, 2019) 등.

가들은 문서 자료보다 구술 증언을 더 신빙성 있게 받아들였다. 폴리비오스는 이것을 철학자 헤라클레이토스의 명언인 "눈이 귀보다 확실한 증인이다"(Eyes are surer witnesses than ears)라는 말을 인용하여 비유적으로 표현했다(Polybius, 『역사』, 12.27.1). 여기서 "눈"은 목격을 통한 직접 증언을 의미하고 "귀"는 제3자가 기록한 문서를 통한 간접 증언을 가리킨다. 역사가들은 사건 당사자가 눈으로 직접 목격한 사실(αὐτοψία)이 역사 자료로서 가장 신뢰할 만하다고 생각했다(Herodutos, 『역사』, 2.99; Polybius, 『역사』, 12.27.1-6; 20.12.8). 그리고 역사가 자신이 직접 해당 사건의 참여자가 되기를 추구했다.[30] 누가는 자신이 저술하는 복음서가 목격자들(αὐτόπται)의 증언에 기초한 것이라고 말한다(눅 1:2).

문자가 개발되고 책이 발행된 후에도 오랫동안 구술문화의 관습이 사람들을 지배하고 있었다. 그러한 관습은 심지어 기원후 11-12세기 영국에서도 발견된다. 예를 들어, 땅 주인이 누구인지 판가름할 때 공식적인 근거가 된 것은 토지문서가 아니라 다수의 구두 증언이었다. 1127년 샌드위치항의 입항세가 누구의 소유인지를 두고 성 아우구스티노 수도원과 그리스도 교회(Christ Church) 사이에 분쟁이 벌어졌는데, 그 판단을 가른 것은 "좋은 증언을 할 수 있는, 나이 들고 지혜로운 장로들"이었다. 그러한 기준에 따라 선발된 도버 주민 12명

---

30   Aune, *New Testament*, 81.

과 샌드위치 주민 12명으로 배심원이 구성되었고, "조상 대대로 그러했으며 나 역시 젊었을 때부터 그렇게 보고 들어왔다"고 말한 그들 모두의 증언에 따라 그 세금은 그리스도 교회에 귀속되었다.

구술문화의 특징

앞에서 서술한 사례들을 통해 우리는 인류 역사에서 구술문화가 얼마나 오랫동안 이어졌는지, 그리고 구술문화에서 문자문화로 완전히 넘어가는 데 얼마나 오랜 시간이 필요했는지 알 수 있다. 구술문화는 세계 곳곳에서 심지어 오늘날까지 이어지고 있다. 이는 여러 지역을 연구하는 인류학자들과 민속학자들에 의해 확인되고 있으며 그러한 연구를 통해 얻는 경험과 정보가 고대 구술문화를 이해하는 기반이 되고 있다.[31] 그러니 하물며 신구약 성경이 기록된 고대에야 더 말할 나위가 없을 것이다. 그럼 이번에는 일차적 구술문화의 특징이 무엇인지, 그리고 그것이 복음서의 역사성과 사실성에 어떤 함의를 가지는지 살펴보기로 하자.

일차적 구술문화에 사는 사람들은 전적으로 말하고 들음(청각)에

---

31   월터 옹에 의하면 칼릴 지브란(Kahlil Gibran)은 중동 지역에 구술로 유포되어 있는 정형구적 작품들을 문자에 담아 인쇄해서 미국인들에게 제공하는 작업을 해왔다. Ong, 『구술문화와 문자문화』, 64. 신약성서 학자 케네스 베일리는 중동 지역에서 30년 이상 머무르면서 관찰한 구술문화를 토대로 신약성서 해석에 큰 기여를 했다. 베일리의 글 "Informal Controlled Oral Tradition and the Synoptic Gospels," *Asia Journal of Theology* 5 (1991)에 관해서는 뒤에서 상세히 논할 것이다.

의존하여 소통하기 때문에 (시각적인) 문자를 자유롭게 사용하여 소통하는 우리와는 상당히 다른 방식으로 배우고 생각하고 행동한다. 구술문화에서는 무엇보다 기억하기 쉽고 말하기 쉬운 패턴에 따라 사고하고 배우고 행동한다. 강렬한 리듬을 띤 그리고 곡조를 동반한 균형적인 패턴, 반복과 대구, 두운과 유운, 정형화된 형용구, 표준화된 주제적 배경(집회, 식사, 결투, 영웅의 조력자 등), 패턴화된 격언 등이 발전하게 된다. 기억의 필요성이 통사 구문까지 결정하는 것이다.[32]

고전학자 밀만 패리(Milman Parry)는 1928년에 저술한 글 "호메로스의 전승 정형구"("The Traditional Epithet in Homer")에서 이러한 구술성의 특징들을 밝혀냄으로써 구술성 연구의 새 장을 열었다.[33] 특히 그는 호메로스의 서사시들이 반복되는 정형구로 구성되어 있음을 잘 보여준다. 정형구란 몇 개의 어휘들을 하나로 묶고 리듬과 운율을 갖추어 전달하기 쉽고 암기하기 편하게 만드는 것이다. 조금 속된 표현을 사용하자면 '입에 착착 달라붙도록' 만드는 것이다. 이것은 많은 지역의 구술문화에서 발견되는 공통적인 특징이다. 예를 들어, 한국의 시조가 각 4음보로 이루어진 3행의 시구를 사용하여 구술과 암

---

32 Havelock, 『플라톤 서설』, 107-18, 360-64; Ong, 『구술문화와 문자문화』, 74-75에 요약된 것을 재인용함.

33 Milman Parry, "The Traditional Epithet in Homer," *The Making of Homeric Verse: The Collected Papers of Milman Parry* (ed. Adam Parry; Oxford: Clarendon Press, 1971), 1-190.

기를 용이하게 하는 것과 비슷하다 할 수 있다. 패리의 이론은 로드(Albert Lord)에 의해 보완되었고, 그 후 패리와 로드의 "구술 정형구 이론"(oral formulaic theory)으로 불리곤 한다. 패리와 로드의 구술 정형구 이론은 에릭 해블록(Eric A. Havelock)과 잭 구디(Jack Goody)에 의해 발전되고 월터 옹(Walter Ong)에 의해 꽃을 피웠다.

월터 옹의 『구술문화와 문자문화』(*Orality and Literacy: The Technologizing of the World*)는 이후 구술성 연구에 큰 영향을 미쳤는데, 이 책에서 그는 일차적 구술문화의 특징을 다음과 같이 요약한다.[34]

(1) 일차적 구술문화의 사고와 표현은 종속적이기보다 첨가적이다. 그래서 종속접속사를 사용하여 계층화된 문장을 만들기보다 등위접속사를 사용하여 문장을 단순 병렬시키는 경우가 많다. 창세기를 포함하는 구약성경의 텍스트들, 그리고 신약성경의 마가복음에서 이런 특징을 쉽게 찾아볼 수 있다. 히브리어 등위접속사 '와우'(ו) 또는 그리스어 등위 접속사 '카이'(καί, 와우와 카이 모두 '그리고', '그러나', '그래서' 등으로 옮길 수 있음)로 문장을 병렬시키는 것이다.

(2) 구술문화에서는 말이 길어지고 반복되는 경향이 있다. 우리가 글을 읽다가 이해 안 되는 것이 있거나 중요한 것을 놓치고 지나가면 다시 돌아가서 확인할 수 있다. 그러나 구술 상황에서는 이것이 불

---

34 다음은 월터 옹의 『구술문화와 문자문화』, 78-108를 중심으로 그의 책에 담긴 논지를 요약한 것이다. 옹은 일차적 구술문화의 특징을 아홉 가지로 서술했으나, 여기서는 그 가운데 다섯 가지를 소개한다.

가능하다. 또 많은 청중이 모여 있을 경우 모든 사람이 연사의 말을 잘 알아듣기는 어렵다. 그러므로 구술 연행(oral performance)에서는 중요한 내용을 반복하는 경향이 있다. 그 외에도 연설가는 말을 하는 동안 다음에 무슨 말을 해야 할지 계속 신경을 써야 한다. 그러나 생각하느라 머뭇거리면 서툴게 보일 수 있으므로 같은 말을 되풀이하며 다음 할 말을 떠올리게 된다. 이것도 말을 장황하게 만드는 원인이다. 성경에서 자주 발견되는 반복적인 표현들도 구술문화의 흔적이다.

(3) 구술되는 내용은 사람들의 생활세계에 밀착된다. 저자가 책을 저술할 때는 생활 현장으로부터 물러나 조용한 방에 있는 경우가 많다. 그러나 구술 연행은 청중과 밀접히 대면한 가운데 현장에서 이루어지므로 청중의 삶과 밀접하게 연결될 수밖에 없다. 연사는 많은 경우 청중의 요청에 의해 말하게 되고, 대개 청중이 듣고 싶어 하는 주제에 관해 말하게 된다. 청중의 관심사가 아닌 내용은 구술의 기회를 얻기 어려우므로 자연스럽게 잊히게 되고 청중의 삶과 밀착된 내용이 반복적으로 구술되며 살아남게 된다.

(4) 글쓰기는 지식의 대상으로부터 주체를 분리시켜 객관성을 강조하지만 구술문화에서 배움은 알고자 하는 대상과의 밀접하고 공감적이며 공유적인 일체화를 통해 이루어진다. 그래서 구술 연행은 객관적이기보다는 공감적이며 참여적이다. 앞에서 언급했듯이, 고대 그리스-로마 역사가들이 생각한 이상적인 사료는 사건에 참여한 당사자에게서 얻어낸 증언이었다. 제3자에게서 얻는 객관적 증언이 아

니었다. 이것은 구술문화 시대의 정보가 가지는 당연한 성격이었다.

(5) 구술사회의 기억에는 항상성이 있다. '항상성'(homeostasis)이
란 유기체가 상황에 따라 일어나는 변수들을 조절하여 생체 내부 환
경을 안정적이고 상대적으로 일정하게 유지하려는 특성을 가리키는
말이다. 구술사회에서도 이런 항상성과 비슷한 것이 작용하는데, 그
것은 이미 현재와 관련 없어진 기억을 지워버림으로써 기억의 균형
상태를 유지하려는 경향이다.[35] 이 과정에서 오늘의 삶에 의미를 주지
못하는 기억은 사라지고 의미가 있는 기억은 계속하여 새로운 옷을
입으며 그 생명을 유지하게 된다.[36]

그러나 이러한 특징들을 모든 구술문화에 일률적으로 적용할 수
있는 것은 아니다. 옹에 이어 구술성 연구를 더 진전시킨 루스 피네건
(Ruth Finnegan)과 존 마일스 폴리(John Miles Foley)는 구술 전달 과정

---

35 '항상성'(homeostasis)을 구술문화에 처음 적용한 사람은 잭 구디다. 그의『야생정
신 길들이기』, 47과 Goody, Watt, "The Consequences of Literary," 30-31, 33 등
을 보라.

36 여기에 서술한 다섯 가지 외에 옹의 책에는 다음 네 가지 특징이 더 포함되어 있
다. (1) 구술사회의 기억은 분석적이기보다 집합적이다. 그래서 사고와 표현의 구
성 요소들을 한데 모아 덩어리로 만드는 경우가 많다. (2) 보수적이거나 전통적이
다. 여러 세대에 걸쳐 끈기 있게 습득한 것을 몇 번이고 되풀이해서 말하는 데 상
당한 에너지를 투입한다. 구술문화에서 이야기의 독창성은 새로운 줄거리보다는
그때그때 청중과 새로운 교류를 만들어내는 데 있다. (3) 논쟁의 어조가 강하고 과
장된 역동적인 표현을 사용하는 경우가 많다. (4) 추상적이기보다 상황 의존적이
다. 추상적인 범주화가 구술문화에 사는 사람들에게는 낯설다. Ong,『구술문화와
문자문화』, 78-108.

에 영향을 미치는 여러 가지 요소들을 복합적으로 함께 고려해야 함을 강조한다. 예를 들어, 구술 전달의 정확성은 전승되는 내용이 청중에게 가지는 중요성에 따라 달라진다. 앞에서 보았듯이 구술 문화에서는 전달되는 내용이 자구적으로 정확히 보존되지는 않는 것이 일반적이다. 그러나 인도의 리그베다와 같은 종교 경전 또는 하와이의 우주론적 시들처럼 종교적인 권위를 가진 전승의 경우는 구술 전달 과정에서도 거의 변형되지 않고 상당히 자구적으로 보존됨이 확인된다.[37] 복음서 전승도 그와 비슷한 경우라 할 수 있다. 피네건은 그 외에도 내용의 암기, 장르, 변화하는 역사적 상황, 구술 실연의 목적, 시인과 전달자의 사람 됨 등도 함께 고려해야 한다고 말한다. 특히 구술 전승되는 내용이 글로 기록되어 함께 존재하면 상황이 매우 달라진다.[38]

마가복음의 구술성

사복음서 가운데 마가복음에 구술문화의 특징들이 가장 잘 보존되어 있다. 이 점을 호메로스의 『일리아스』나 『오디세이아』와 비교하여 설명할 수 있다. 호메로스의 이 서사시 작품들은 그리스어가 대중화되

---

37 Ruth Finnegan, *Oral Poetry: Its Nature, Significance and Social Context* (Eugene, Or.: Wipf and Stock Publishers, 1977), 152.

38 Ibid., 18-19. 그와 함께 John Miles Foley, *The Singer of Tales in Performance* (Bloomington and Indianapolis: Indiana University, 1995)를 참조하라.

어가던 기원전 8-5세기 어간에 문서화된 것으로 알려진다. 다시 말해서 호메로스의 서사시들은 글로 쓰인 후에 낭송된 것이 아니라 일차적 구술문화에서 만들어져 구술 연행 되던 것을 나중에 글로 옮긴 것이다. 그래서 호메로스의 작품들에는 구술문화의 흔적이 고스란히 남아 있다.

조안나 듀이(Joanna Dewey)는 마가복음에 담겨 있는 구술성의 특징들을 찾아낸다. 많은 독자가 이미 잘 알고 있겠지만, 마가복음은 짧은 일화들의 모음으로 구성되어 있는데, 이는 호메로스의 작품들에도 잘 드러나는 구술문화의 특징이다. 마가복음 4장과 13장에 담겨 있는 예수의 설교 모음도 예외가 아니다. 4장은 비유들과 짧은 이야기들의 모음이고, 13장의 종말 설교 역시 짧은 이야기들을 나열한 서사의 형태로 되어 있다.[39]

마가복음에는 시각적인 심상이 풍부한데 이것 역시 이야기를 생생하게 전달하고 청중의 여러 감각을 동원하여 기억을 용이하게 하려는 구술문화의 기법에 속한다. 친구들이 침상에 누인 채 데려온 중풍병자를 예수께서 치유하신 이야기나 군대 귀신이 쫓겨나 돼지 속으로 들어가는 이야기를 읽다 보면 자연스럽게 시각적인 상상의 나래를 펴게 되지 않는가? 마가복음 2:13은 예수께서 황량한 광야 위에

---

39 Joanna Dewey, "Oral Methods of Structuring Narrative in Mark," *Interpretation* 43 (1989), 35-36.

서 있는 무리에게 푸른 바다를 배경으로 설교하시는 장면을 떠올리게 한다. 3:7-12과 6:53-56에 나오는 치유 기적 이야기는 무리가 병자들을 예수께 데려오기 위해 서로 밀치며 나아오는 장면을 상상하게 한다. 그리고 마치 영화에서 클로즈업되는 장면들 사이를 디스턴트 샷으로 연결하는 것처럼 장면들이 이어져 있다.[40]

월터 옹이 구술문화의 첫 번째 특징으로 제시한 일화들의 첨가적·병렬적 연결은 마가복음의 두드러진 특징 중 하나다. 그리스어 등위접속사 '카이'(καί)로 문장들을 연결하기 때문에 '카이 병렬구문'(kai-paratactic)이라 부른다. 마가복음 1-2장에는 열세 개의 장면들이 담겨 있는데 그 가운데 1:14-15을 제외한 모든 장면이 '카이'로 병렬되어 있다.[41]

그 외에 마가복음의 특징 중 하나인 샌드위치 구조는 구술성의 특징인 수미상관의 좋은 사례다.[42] 샌드위치 구조란 한 이야기를 둘로 나누고 그 사이에 다른 이야기를 끼워넣어 주제적으로 연결하는 마가복음의 독특한 기법이다. 예를 들어, 마가복음 11장을 보면 예수께서 잎만 무성하고 열매는 없는 무화과나무를 저주하시고(12-14절) 그 결과 나무가 말라죽었다는 이야기(20-21절)가 나오는데, 마가는 이 이야기를 둘로 나누고 그 사이에 예수께서 성전을 개혁하신 사건을

40　Ibid., 36.
41　Ibid., 36-38
42　Ibid., 38-39.

끼워 넣었다(15-19절). 이렇게 두 이야기가 연결됨으로써 열매 없는 무화과는 성전을 상징하게 된다. 마가복음 5장을 보면 예수께서 회당장 야이로의 죽은 딸을 살리신 이야기(21-24절, 35-43절) 사이에 열두 해 동안 혈루증을 앓던 여인의 이야기(25-34절)가 끼워 넣어져 있다. 야이로의 딸은 열두 살이었다. 두 이야기는 이스라엘을 상징하는 '12'라는 숫자로 연결되어 있다. 14장에서는 대제사장들과 서기관들이 예수를 죽이려는 음모를 꾸미고(1-2절) 가룟 유다의 배반으로 그 음모가 완성되는 이야기(10-11절) 사이에 한 여인이 예수께 향유를 부은 이야기(3-9절)가 끼워 넣어져 있다. 두 이야기는 예수의 죽음이라는 주제로 연결된다.

마가복음에 뚜렷하게 드러나는 구술성의 특징들을 어떻게 이해해야 할까? 신약성서 학자들 가운데서는 호메로스의 작품들처럼 마가복음도 먼저 구술 연행을 위해 만들어진 후 나중에 문서화되었다고 보는 사람들도 있고, 처음부터 문서로 저술되었으나 의도적으로 또는 관습적으로 구술성의 특징들을 살려낸 것이라 보는 사람들도 있다.

피터 보싸(Peter Botha)는 전자에 해당한다. 그는 호메로스의 전승 정형어구를 연구한 패리의 이론을 적극 활용하여 마가복음에서 그와 비슷한 구술 전승의 특징들을 찾아낸다. 예를 들어, 그는 마가복음에서 새로운 생각이나 말씀을 공식화할 때 "혀끝으로 도약하는 듯한 정형화된 표현들"을 사용하는 것을 쉽게 식별해낼 수 있다고 말한다.[43] 보씨는 그러한 정형구들의 활용과 모티프와 주제의 배열 등을 분석한 후, 마가복음은 구술 연행되던 것을 글자로 옮긴 것이라고 결론을 내린다.[44]

악트마이어(Paul Achtemeier)는 그와 대조되는 입장이다. 그는 신약성서 시대의 문화가 비록 문서 저술이라는 수단을 취했을지라도 그 안에 여전히 구술성이 강하게 잔존해 있었음에 주목한다. 그 시대 모든 문서의 독서는 한 사람이 크게 소리 내어 읽고 여러 사람이 듣는 방식으로 이루어졌고, 글쓰기 역시 필사자에게 불러주어 기록하게 하는 방식으로 이루어졌다. 그런 문화에서 저술되었기에 성경의 문서들은 비록 글로 기록되었을지라도 저술과 연행에서 철저히 구술을 동반했다. 그러므로 문서의 저술에 여러 가지 구술적 요소들이 포함되는 것은 당연하고 일반적인 현상이었다. 이러한 배경 인식에 터하여 악트마이어는 마가복음의 구술성도 구술을 동반한 그리고 구술 연행을 예상한 문서 저술 과정에서 자연스럽게 포함된 것이라고 결론을 짓는다.[45] 악트마이어의 견해는 마가복음의 문서적 특징들에 의

---

43 Peter Botha, "Mark's story as oral traditional literature: Rethinking the transmission of some traditions about Jesus," *HTS* 47 (1991), 318

44 Ibid., 317-24.

45 Paul J. Achtemeier, "Omne Verbum Sonat: The New Testament and the Oral Environment of Late Westrern Antiquity," *JBL* 109 (1990), 3-27.

해 지지받을 수 있다. 앞에서 살펴본 것처럼 마가복음은 그리스-로마 전기의 특징들을 분명히 가지고 있는데, 전기는 구술 작품이 아니라 문서로 기록된 문학 장르에 속한다.

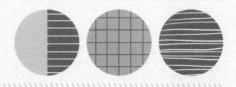

복음서의 구술성

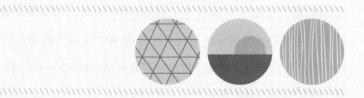

❖

복음서의 구술성은 이 책의 중심 주제인 복음서의 역사성과 어떤 관련이 있을까? 먼저 우리가 복음서 형성 과정에 구술 단계가 있었음을 알고 나면 복음서의 모든 내용이 실증적 사실이라고 단순히 주장하기 어려워진다. 구술문화의 특성상 예수의 말씀과 행적이 본래의 형태대로 자구적으로 정확히 보존되기는 힘들었을 것이기 때문이다. 구술 전달 과정에서 예수 이야기가 초기 그리스도 교회의 생활세계에 밀착되어 녹아들면서 그들의 신앙적 관심사에 따라 해석과 변형이 일어났을 것을 짐작할 수 있다. 문제는 이 과정에서 역사적 사실이 어느 정도 보존되었느냐 또는 어느 정도 상실되거나 변형되었느냐일 것이다. 다시 말해서 일부 변형이 있었을지라도 예수 말씀의 본래적 의도와 예수 사건의 본질은 달라지지 않을 정도의 작은 변화였을까? 아니면 초기 그리스도인들의 필요에 의해서 예수의 모습이 구별하기 힘들 정도로 달라졌을까?

복음서의 구술성을 어떻게 이해할 것인가?

역사 속의 예수 사건으로부터 시작하여 사복음서가 저술되기까지 전 과정은 대체로 기원후 1세기 내에 이루어졌다. 성서학자들은 대략 다음과 같은 3단계 형성 과정이 있었을 것으로 생각한다. 기원후 1세기를 셋으로 나누어 볼 때 첫 3분의 1에 해당하는 기간에 예수의 활동이 이루어졌다. 예수는 기원전 4-6년경에[1] 팔레스타인 지역에서 태어나 갈릴리 지방에서 어린 시절과 젊은 시절을 보내셨고, 기원후 28년경[2] 공생애를 시작하여 30년경까지 약 3년간 활동하시다가 십자가에 처형되시고 부활 승천하신 것으로 보인다. 아직까지 다수의 학자들은 그 당시 유대인들이 아람어를 모국어로 사용하고 있었고 예수와 제자들도 주로 아람어로 소통했을 것으로 본다. 그러나 그 시

---

[1] 상식대로 하자면 예수는 기원후 1년에 태어나셨어야 한다. 기원전(Before Christ)과 기원후(Anno Domini, '주의 해')를 나누는 분기점이 되는 사건이 바로 예수의 탄생이기 때문이다. 이러한 서기력은 6세기에 디오니시우스 엑시구우스(Dionysius Exiguus)에 의해 만들어졌는데, 연대 계산에 오차가 있었음이 나중에 밝혀졌다. 예수께서 탄생하셨을 때 유대 왕이었던 헤롯이 기원전 4년에 이미 죽었기 때문이다. 마태복음 2장에 나오는 예수 탄생과 헤롯의 죽음에 관한 기록을 토대로 역사학자들은 예수 탄생이 기원전 6-4년에 이루어졌을 것으로 추정한다.

[2] 누가복음 3:1은 예수께서 공생애를 시작하신 해가 로마 황제 티베리우스(기원후 14년경에 즉위함) 제15년이라고 말한다. 요한복음 2장을 보면 예수께서 성전을 개혁하셨을 때 유대인들은 이 성전을 46년 동안 지었다고 말하는데, 이는 헤롯이 성전을 중건하기 시작한 지 46년이 되었다는 뜻이다(중건 시작은 기원전 19/20). 두 본문은 공히 기원후 28년경에 예수 공생애가 시작되었음을 알려준다. 누가복음 3:23에 의하면, 공생애를 시작하실 때 예수의 나이는 30세쯤이었다.

대 팔레스타인은 로마 제국의 지배를 받고 있었고 곳곳에 세워져 있던 로마식 도시들[3]에서 그리스어가 함께 사용되고 있었다. 일부 학자들은 예수가 그리스어를 사용했고 그리스어로 제자들을 가르쳤다고 보기도 한다.[4]

두 번째 단계는 그다음 3분의 1에 해당하는 기간(대략 기원후 30-70)으로서 이 기간에 사도들과 목격자들의 선포를 통해 예수의 말씀과 행적이 공동체에 전달되었고 단편 문서로 기록되기도 했다. 예수께서 하늘로 돌아가신 후에도 한동안 그분의 말씀과 행적을 문서로 보존해야 할 필요성이 대두되지는 않은 것 같다. 왜냐하면 예수와 함께 지내며 가까이에서 배운 제자들과 목격자들이 살아 있어서 그들이 직접 예수 이야기를 전해주었기 때문이다. 게다가 초기 그리스도인들은 예수께서 곧 다시 오실 것이라 믿고 있었기 때문에 굳이 예수 이야기를 글로 기록할 필요를 느끼지 못했을 것이다. 이 기간 예수의 말씀과 행적은 구술을 통해 전달되고 기억을 통해 보존되었다.

그러다가 기원후 1세기의 마지막 3분의 1에 해당하는 기간(대략 기원후 70-100)에 구전과 단편 문서들이 수합되어 오늘날 우리가 가

---

3   공관복음에 나오는 '데가볼리'(데카폴리스)가 그 사례다(마 4:25; 막 5:20; 7:31). 데가볼리는 갈릴리 호수의 동쪽과 남쪽에 있었던 '열 개의'(데카) '도시들'(폴리스)을 가리킨다.

4   Stanley Porter, "Did Jesus Ever Teach in Greek?" *Tyndale Bulletin* 44 (1966), 199-235.

지고 있는 형태의 복음서로 최종 편집 저술되었다. 제자들과 목격자들이 하나둘씩 세상을 떠나기 시작하고 예수의 재림은 생각보다 늦어지면서 목격자들의 증언을 대신할 책의 필요성이 대두되었을 것이다. 이때 모세나 예언자들과 같은 구약성경 인물들의 기록과 그리스-로마 전기가 그 모델이 되었을 것이다. 마가복음은 70년경에, 마태복음과 누가복음은 80년대 중반에, 그리고 요한복음은 100년경에 완성된 것으로 보인다. 이상의 내용을 도표로 정리해보면 다음과 같다.[5]

복음서 형성 3단계	
1. 역사적 예수 활동	기원후 28-30
2. 사도들의 선포와 구전, 단편 기록	기원후 30-70[6]
3. 복음서 완성	기원후 70-100

[5] 기원후 1세기를 셋으로 나누어 복음서 형성 과정을 설명하는 방식은 레이몬드 브라운의 신약개론을 따른 것이다. 이는 신약성서 학계의 일반적인 견해와 대체로 일치한다. Raymond E. Brown, 김근수, 이은순 공역, 『신약개론』(서울: 기독교문서선교회, 2003), 183-89.

[6] 많은 성서학자들은 복음서 저술과 함께 구술이 끝나지는 않았을 것이라 본다. 한동안 복음서와 구술은 함께 예수 그리스도의 이야기를 전달하는 매개가 되었을 것이다.

불트만과 양식비평

이 지점에서 복음서 양식비평으로 돌아가 보자. 20세기 초 독일의 신약성서학에서 양식비평 연구가 활발하게 일어난 배경에는 복음서에 역사적 예수가 아니라 케리그마의 그리스도가 담겨 있다는 불트만의 주장이 있었다. 위의 도표에서 역사적 예수는 제1단계에 해당하고, 케리그마의 그리스도는 제2단계에 해당한다. 불트만 이전까지 신약성서 학자들의 관심사는 역사적 예수, 곧 복음서 형성의 제1단계에 있었다. 그들은 복음서에 예수의 이야기가 담겨 있다고 보았기 때문에 복음서에 대한 역사적 연구를 통해 역사 속 예수의 모습을 복원해 내고자 했다. 그러나 불트만에 의하면 복음서에 담겨 있는 예수의 모습은 제1단계에 활동하셨던 역사 속의 예수가 아니라 제2단계에 형성된 신앙의 그리스도이므로 우리는 복음서를 통해 역사적 예수에 접근할 수 없다. 그러므로 불트만은 신약성서학의 주요 연구 과제가 복음서 형성 제2단계의 역사로 바뀌어야 한다고 주장한 것이다. 양식비평이란 그 시대의 역사 곧 초기 그리스도 교회의 역사를 재구성해 내는 연구 방법이라 할 수 있다.[7]

---

7   불트만은 쿤드신과 공동 저술한 책 『양식비평』의 1962년 판을 다음과 같은 문장으로 시작한다. "양식비평의 목표는 복음서 배후의 구술 전승의 역사를 연구하는 것이다." Rudolf Bultmann, Karl Kundsin, *Form Criticism: Two Essays on New Testament Research* (tr. Frederick C. Gran; New York: Harper & Row, 1962), 1.

양식비평 연구 방법[8]을 간단히 소개하면 다음과 같다. 복음서 형성의 제2단계에서 예수의 말씀과 행적은 구술로 전달되었다. 양식비평학자들은 본래에는 단순한 형태이던 예수 전승이 구술 전달 과정에서 불어나고 다른 전승과 결합되었으며 더 복합적인 모습으로 변형되어갔을 것으로 생각한다. 그리고 최종적인 복음서 저술 단계에서 저자들은 수집한 전승들을 하나로 연결하고 예수 이야기를 완성하기 위해 필요한 설명을 추가했을 것이다. 이렇게 전승이 변화하고 발전해가는 과정을 가리켜 '전승사'(Traditionsgeschichte; history of tradition)라 부른다. 양식비평은 지금 우리가 가지고 있는 복음서 최종 본문에서 저자가 추가한 구절들을 걷어내고 또 전승 과정에서 불어나거나 변형된 내용을 덜어내는 방식으로 복음서의 전승사를 거꾸로 되짚어가며 제2단계 초기에 형성된 전승의 원형을 복원해내고자 한다. 그리고 그 전승을 형성해낸 '삶의 정황'(Sit im Leben, '삶의 자리'로 옮기기도 함)을 재구성해냄으로써 초기 그리스도 교회의 역사에 다가가고자 한다.

불트만은 이러한 탐구를 통해 복음서에 담겨 있는 전승 전체를 몇 개의 층위들로 구별해낼 수 있다고 말한다. 여기에는 한 가지 전제가 있는데 그것은 기독교가 예루살렘에 있었던 유대인 중심의 팔레

---

8   양식사(formgeschichte) 또는 양식비평(form criticism)은 신약성서 연구 방법론 가운데 하나다. 불트만을 따라 양식사 연구를 한 학자들은 비슷한 학문적 입장을 공유하고 있었다. 그 학자들을 묶어서 '양식사 학파'라 부르기도 한다. 이 책에서 '양식사 학파' 또는 '양식비평 학자'라 할 때는 그 사람들을 묶어서 가리키는 것이다.

스타인 공동체로부터 그리스어 사용자 중심의 헬레니즘 공동체로 확장되어갔으며, 복음서들은 헬레니즘 공동체에서 그리스어로 작성되었다는 것이다. 이러한 전제에서 불트만은 가장 오래된 팔레스타인 공동체의 아람어 전통으로부터 시작하여 헬레니즘 공동체를 지나 복음서에 이르는 전승사를 층위별로 재구성해내고자 한다.[9]

앞장에서 살펴본 것처럼 구술 문화에서는 암기하기 쉽도록 어휘들을 묶어 운율과 리듬을 갖춘 정형구로 만들어 전달하는 관습이 있다. 복음서 전승의 초기 형태도 그러한 정형구로 형성되었을 가능성이 많다. 따라서 초기 전승을 복원하는 과정은 산문 또는 운문 형태의 최종 본문에 숨어 있는 운문을 복원해내는 방식으로 이루어지는 경우가 많다. 양식비평은 그렇게 찾아낸 초기 전승을 몇 가지 문학 양식으로 분류한다. 불트만은 이러한 문학 양식들이 가지고 있는 문체와 형식이나 범주와 같은 것들이 초기 그리스도인 공동체의 삶의 조건들과 밀접히 관련되어 있다고 주장한다.[10] 전승사를 재구성하는 과정에서 불트만은 복음서들 간의 이용 관계를 참조한다. 마태복음과 누가복음을 마가복음과 비교해보면 마태와 누가가 마가의 문서 자료를 다루는 어떤 패턴을 발견할 수 있는데 그러한 패턴을 따르는 전승의 변화가 마가 이전의 구전 자료들에서도 동일하게 일어났다고 가정하

---

9   Bultmann, *Jesus and the Word*, 12-13.
10 Bultmann, *The History*, 4.

는 것이다.[11]

앞에서 개략적으로 설명한 것을 사례를 들어 조금 더 구체적으로 살펴보기로 하자. 양식비평의 주저라 할 수 있는『공관복음서 전승사』에서 불트만은 예수 전승을 크게 말씀과 이야기로 나눈 후, 말씀은 다시 '아포프테그마'(Apophthegm)와 '주의 말씀'으로, 이야기는 '기적 이야기'와 그 외의 이야기들로 나누어 크게 네 범주로 공관복음서 전승을 분류한다. 그리고 네 범주를 다시 더 상세하게 세분한다. 여기서 '아포프테그마'란 예수의 말씀이 그 말씀을 촉발시킨 상황과 함께 짧은 이야기로 만들어져 있는 문학양식을 가리킨다. 불트만은 이 경우 말씀이 먼저 주어졌고, 그 말씀을 담는 상황 이야기가 나중에 덧붙여진 것이라고 주장한다.[12]

불트만은 아포프테그마를 다시 (1) '논쟁 대화와 학자적 대화', (2) '전기적 아포프테그마'의 두 범주로 나눈다. 논쟁 대화는 그 대화를 촉발시킨 원인에 따라 ① 예수의 치유로 촉발된 경우, ② 그 외에 예수나 제자들에 의해 촉발된 경우, ③ 예수께 질문이 주어진 경우, ④ 적대자들이 문제제기를 한 경우로 나눈다. 가장 먼저 나오는, 예수의 치유로 논쟁 대화가 촉발된 사례들을 한번 살펴보자. 여기에는 "한 편 손 마른 사람을 안식일에 고치심으로 논쟁이 벌어짐"(막 3:1-

---

11   Ibid., 6.
12   다른 학자들은 아포프테그마를 '패러다임'(Paradigm-Dibelius) 또는 '선언 이야기'(pronouncement story-Vincent Taylor)로 분류하기도 한다.

6), "수종병 환자를 고치심으로 논쟁이 벌어짐"(눅 14:1-3), "허리가 굽은 여인을 안식일에 고치심으로 논쟁이 일어남"(눅 13:10-17), "귀신을 쫓아낸 일에 관해 논쟁이 일어남"(막 3:22-30; 마 12:22-37; 눅 11:14-23) 등이 포함된다. 불트만은 이렇게 각 사례에 해당하는 본문들을 세밀하게 분석한 후, 논쟁 대화를 담은 아포프테그마를 만들어낸 삶의 정황은 "초기 팔레스타인 교회의 변증적·논쟁적 상황"이었다고 결론을 내린다. 초기 팔레스타인에서 그리스도 교회가 형성된 후 이를 문제 삼는 유대교 권위자들에 대항하여 그리스도 신앙을 변증하고 유대교의 문제점을 비판하며 논쟁하던 상황적 필요로부터 논쟁적 아포프테그마가 만들어졌다는 것이다.[13]

불트만과 양식비평학자들은 예수 이야기가 전승되는 과정에서 예수와 관련된 사실들에 대한 선택과 변형이 심하게 일어났을 것이라고 판단한다. 양식비평에는 몇 가지 전제가 있는데, 그것은 (1) 복음서의 구술 전승 기간이 본래의 역사를 보존하기 힘들 만큼 길었다는 것, (2) 구전의 주체가 익명의 공동체였다는 것, (3) 구전 과정에서 사실적 정확성을 통제할 수 있는 장치가 없었다는 것 등을 포함한다. 예수의 말씀과 행적이 오랜 기간 통제되지 않은 구전 과정을 거치는 가운데 익명의 교회 공동체가 그것을 자신들의 신앙적 필요에 따라 자유롭게 변형하고 또 새로운 전승을 창작해냈다고 본 것이다.

---

13   Bultmann, *The History*, 11-16, 39-54.

양식비평의 한계

복음서의 구전 과정에 대해 불트만과 같은 입장만 있었던 것은 아니다. 양식사 학파에 대항하는 스칸디나비아 학파의 리센펠드(Harald Riesenfeld)는 불트만과 사뭇 다른 입장을 제시했다. 리센펠드는 복음서 전승이 초기 그리스도인 공동체의 선교 설교나 공동체 교훈에서 시작된 것이 아니라 역사 속 예수로부터 직접 기원한 것이라고 말한다.[14] 그리고 그는 예수의 말씀과 행적이 익명의 공동체에 의해 통제되지 않은 채로 전달된 것이 아니라 특별한 사람들에게 맡겨져 원형을 충실히 보존한 채 전수되었다고 말한다. 예수의 말씀과 행위는 구약성경과 비교되는 거룩한 말씀이기 때문에 특별한 주의를 기울여 암기되고 암송되었을 것이며, 이러한 과정은 예수 자신에 의해 이미 시작되었을 것이다. 마치 랍비들이 그의 제자들에게 가르침의 내용을 암기하도록 요구하듯이 예수도 그의 제자들에게 자신의 가르침을 암기하게 했을 것이라고 리센펠드는 제안한다.[15]

리센펠드의 관점은 그의 제자인 에르핫손(Birger Gerhardsson)에 의해 발전되고 더 체계화되었다. 에르핫손은 탄나임 시대[16]와 그에 이

---

14   Harald Riesenfeld, *The Gospel Tradition and its Beginning: A Study in the Limits of 'Formgeschichte'* (London: A. R. Mowbray, 1957), 14, 22.

15   Ibid., 19, 24, 26.

16   일반적으로 탄나임 시대는 기원후 70년 예루살렘 멸망 후부터 3세기 초까지로 잡는다. 에르핫손은 탄나임 시대의 시작을 그보다 앞선 기원후 10년경으로 본다. Birger Gerhardsson, *Memory and Manuscript: Oral Tradition and Written*

어지는 아모라임 시대[17]의 랍비 유대교를 모델로 삼고 그와 유사한 사례를 초기 교부들과 누가-행전 그리고 바울 서신에서 찾아내어 복음서 전승 과정을 설명한다.[18] 랍비 유대교에서 전승의 전달은 의도적이며 공을 들인 과정이었고, 거룩한 자료들을 축어적으로 보존하고자 힘썼다. 구술 전승은 근본적으로 전문가들에 의해 이루어졌고, 전승의 기본적인 자리는 교실이었다.[19] 구술 전승은 해석되기 전에 암기되었다. 선생들은 반복하여 전승을 암송했고, 학생들은 개별적으로 또는 합창으로 그것을 따라 했으며, 선생들은 다시 학생들이 그 내용을 암기할 때까지 반복하여 교정해주었다.[20] 학생들은 암기를 촉진하기 위해 개인의 비망록을 사용하기도 했다. 서판이나 공책, 두루마리 같은 것들이 활용되었다.[21] 에르핫손은 이러한 전승 전달과 보존이 복음서 전승 과정에서도 비슷하게 이루어졌을 것이라고 제안했다.

독일의 양식사 학파가 신약성서학의 주류를 이룬 가운데 스칸디나비아 학파의 비판적인 견해가 큰 지지를 얻어내지는 못했던 것 같다. 특히 에르핫손의 주장은 신약성서보다 늦은 시대의 유대교에 관

Transmission in Rabbinic Judaism and Early Christianity (Lund: C. W. K Gleerup; Copenhagen: Ejnar Munksgaard, 1961), 30.

17 아모라임 시대는 탄나임 시대 후 5세기까지다.

18 Gerhardsson, *Memory and Manuscript*, 17-189.

19 Ibid., 71, 85-92, 159-60.

20 Ibid., 81, 115, 124-36, 168.

21 Ibid., 160-61.

한 관찰에 의존했다는 점에서 비판을 받았다.[22] 켈버는 에르핫손이 전
승의 규칙들을 문서 본문들로부터 가져옴으로써 구술성을 문자성에
종속시켰다고 지적하기도 한다.[23] 그러나 에르핫손의 기여는 나중에
리처드 보컴(Richard Bauckham)에 의해 다시 긍정적인 조명을 받게 된
다. 이에 관해서는 조금 뒤에서 다시 살펴보기로 하자.

20세기 초중반에 걸쳐 한동안은 양식사 학파의 견해가 신약성
서 학계를 지배했고 양식비평의 한계를 극복하려는 학자들의 영향력
은 미미했다. 그러다가 패리, 해블록, 구디, 옹 등에 의해 주도되고 피
네건과 폴리 등에 의해 보완된 구술성 연구가 신약성서 학계에 활용
되면서 양식비평의 대안을 찾으려는 시도들이 새로운 동력을 얻게
된다.[24] 새로운 구술성 연구 결과를 신약성서학에 처음 도입한 사람
은 베르너 켈버(Werner Kelber)다. 찰스 탈버트가 복음서의 전기 장르

---

22 Morton Smith, "A Comparison of Early Christian and Early Rabbinic Tradition,"
    JBL 82 (1963), 169-76.
23 Werner Kelber, "Mark and Oral Tradition," *Semeia* 16 (1979), 10.
24 이들의 연구를 반영하여 최근 신약성서학에서 이루어진 복음서의 구술성 연구
    가 다음 글에 간략하게 요약 정리되어 있다. Kelly R. Iverson, "Orality and the
    Gospels: A Survey of Recent Research," *Currents in Biblical Research* 8 (2009),
    71-106. 원문의 절반에 해당하는 71-88쪽의 한글 번역을 다음 블로그에
    서 읽어볼 수 있다. 정용택 역, "구술성과 복음서: 최근 연구 개관 -3 [Kelly R.
    Iverson]," https://cairos.tistory.com/139. 그 외에도 Eric Eve, *Behind the Gospels:
    Understanding the Oral Tradition* (Minneaplois, Mn.: Fortress, 2013)은 좀 더 최근
    의 연구를 포함하여 더 상세한 소개와 평가를 담고 있다. 이 책은 다음과 같이 우
    리말로 번역되어 있다. Eric Eve, 박규태 역, 『예수에서 복음서까지』(서울: 좋은씨
    앗, 2016).

에 관한 논의를 재개한 지 얼마 지나지 않은 1979년에 켈버는 "마가와 구술 전승"(Mark and Oral Tradition)이라는 제목의 글을 발표했다. 이 글에서 켈버는 불트만의 『공관복음서 전승사』가 복음서의 구술 전승을 적절히 다루지 못했음을 지적한다. 불트만이 구술문화의 특성을 적절히 다루지 못하고 오히려 문자문화의 관습을 구술 전승에 역투사하여 구술 전승을 문서 전승처럼 다루었다는 것이다.[25] 앞에서 언급한 것처럼 불트만은 마태와 누가가 마가복음 문서 자료를 사용하는 방식에서 어떤 패턴을 식별해낸 후 그러한 규칙이 마가 이전의 구전 단계에도 적용된다고 가정하며 복음서 본문의 양식을 분석했는데,[26] 이는 문자문화와 크게 다른 구술문화의 소통 방식을 전혀 고려하지 못한 것이다.[27]

불트만의 문서 의존성은 전승의 층위에 대한 그의 주장에서도 잘 드러난다. 그는 공관복음서에 담긴 예수의 전승들을 일련의 층위들로 분명히 구별할 수 있다고 주장했다. 불트만에게서 초기 그리스

---

25 Werner Kelber, "Mark and Oral Tradition," 13. 다음 글도 함께 참조하라. *The Oral and the Written Gospel: The Hermeneutics of Speaking and Writing in the Synoptic Tradition, Mark, Paul, and Q* (Philadelphia: Fortress, 1983), 6.

26 Bultmann, *The History*, 6.

27 샌더스는 다음과 같이 지적한다. 널리 가정된 것과 달리 불트만은 공관복음 전승의 경향성을 민담의 분석으로부터 도출하지 않았다. 불트만은 순수한 양식의 확장이 민간 전승의 확고한 경향성임을 입증하지 못했다. 대부분 민간 전승에는 불트만이 말했고 우리가 여기서 관심하는 전승의 법칙 같은 것이 뚜렷이 나타나지 않는다. E. P. Sanders, *The Tendencies of the Synoptic Tradition* (New York: Cambridge University Press, c1969), 17-18, 18, n.4.

도교의 역사는 팔레스타인 공동체의 층위와 헬레니즘 공동체의 역사로 나뉘고, 두 공동체의 층위는 더 세부적인 층위들로 세분된다. 그는 마치 고고학자가 지표면의 흙을 차례차례 걷어내며 고대 유적의 층위를 발굴해가는 것처럼 복음서 본문으로부터 헬레니즘의 층위들을 걷어내는 방식으로 가장 오래된 전승의 층위로 나아가고자 했다.[28]

제임스 던(James Dunn)은 이러한 가정이 문학 텍스트의 관습으로부터 유추된 것임을 지적한다. 던은 전승의 구술 연행은 문학적 편집과 전혀 다르다는 점에 주목한다. 구술 전승은 하나의 문서 층위 위에 다른 문서 층위가 쌓이는 것과 같은 방식으로 순차적으로 발전하지 않는다. 전승의 내용이 동일하더라도 그 전승에 대한 구술 연행은 매번 다르게 이루어지며 각각의 연행이 이전의 연행을 토대로 해서 이루어지지는 않기 때문이다.[29] 그래서 불트만이 재구성하려 했던 규칙적인 전승사는 실제로 존재하기 힘들다.[30]

그 외에도 양식비평의 여러 가지 한계들이 계속하여 드러났다. 양식비평은 역사적 예수와 마가복음 사이에 꽤 오랜 전승사가 있었던 듯한 인상을 준다. 그러나 그 기간은 약 40년에 불과하다. 그 정도의 기간이라면 예수를 만나고 그의 말씀을 들었던 목격자들 가운데 많은

---

28 Bultmann, *Jesus and the Word*, 12-13.
29 Dunn, 『예수와 기독교의 기원(상)』, 278, 295-96, 347-48.
30 James Dunn, "Altering the Default Setting: Re-envisaging the Early Transmission of the Jesus Tradition," *NTS* 49 (2003), 172.

사람이 마가복음 저술 당시에도 여전히 살아 있었을 것이다. 그들이 목격자로서 예수에 관해 직접 증언할 수 있었으며, 마가복음이 저술된 후 그 책에 담긴 예수 이야기의 사실성을 검증할 수 있었다. 양식비평은 익명의 공동체에 의해 오랜 기간 통제되지 않은 채 전승이 이루어져 역사적 예수의 원형을 찾을 수 없을 정도로 복음서 전승이 심하게 변형된 역사를 상정하는데, 그것은 개연성이 없는 가정이다.

그런 점에서 구디가 말하는 항상성(homeostasis) 가설을 복음서 전승에 그대로 적용하기는 어렵다. 앞에서 언급했듯이 항상성이란 과거의 전승이 오늘의 현실에 적응하며 변화해가는 것을 말한다. 전승이 사회 조직이나 실천에 동화되며 변화해서 과거의 모습을 그대로 유지하기 어렵다는 것이다. 아프리카 연구의 권위자이며 구술역사가(oral historian)인 얀 반시나(Jan Vansina)는 구디의 항상성 가설이 지나치게 과장되었다고 비판한다. 사회와 전승 사이에 동화가 일어나긴 하지만 전승의 내용과 현재 관심사가 완전히 일치하지는 않는다는 것이다. 반시나는 그것을 보여주는 좋은 근거가 다양한 전승 안에 존재하는 이전 시대의 흔적들(archaism)에 있다고 말한다.[31] 전승은 변화하면서도 여전히 과거의 것으로 남는다.

31　Jan Vansina, *Oral Tradition as History* (Madison, Wi.: The University of Wisconsin Press, 1985), 120-21.

복음서 구술성의 새로운 모델

지금까지 우리는 신약성서학에서 오랫동안 복음서 구술성 연구를 주도했던 양식비평에 많은 한계가 있음을 살펴보았다. 특히 복음서 전승이 오랜 기간 익명의 공동체에 의해 통제되지 않은 채 유포되었다는 양식비평의 전제는 복음서의 구술성을 이해하는 적절한 관점이 아니다.

켈버는 오늘날 불트만의 『공관복음서 전승사』에 깔려 있는 모든 주요 가정이 의문시되고 있다고 평가하면서 그 가정들을 다음과 같이 정리한다. (1) 부활절 신앙이 전승의 분수령이자 출발점이 되었다는 주장, (2) 최초 단계에 전승이 순수한 양식으로 존재했고 이것이 더 복합적이고 혼종된 형식으로 발전했다는 생각, (3) 구술 자료와 복음서 문서가 집단의식에 의해 형성되었다는 가설, (4) 구술 양식이 삶의 정황에 의해 사회적으로 결정되었다는 가설, (5) 팔레스타인 공동체와 헬레니즘 공동체라는 범주를 전승사 구성의 토대로 삼은 것, (6) 구술 전승이 어떤 내적인 힘에 의해 움직여 복음서가 되었다는 주장, (7) 문서화된 텍스트와 구별되는 살아 있는 발화의 실체성을 포착하지 못한 점[32] 등이다.

---

32   Kelber, *The Oral and the Written Gospel*, 8.

베일리: "공식적이지 않으나 통제된" 전승

그럼 양식비평 외에 어떤 모델이 복음서 형성 제2단계에 일어난 예수 이야기의 구술 전달 과정을 잘 설명해줄 수 있을까? 서구의 성서학자들이 주도해오던 복음서의 구술성 논의는 중동 지역에서 활동하던 한 신학자에 의해 새로운 국면을 맞이하게 된다. 그는 바로 케네스 베일리(Kenneth Bailey)다. 우리나라에도 여러 권 소개된 "중동의 눈으로 본" 성서연구 저술들[33]의 저자이기도 한 베일리는 1955-1995년까지 40년간 이집트, 레바논, 팔레스타인, 이스라엘, 키프로스 등에 살면서 중동 지역의 구술 문화를 가까이 접하며 신약성서 연구에 참신한 통찰을 제시해왔다. 그 가운데 그가 1991년에 발표한 글 "Informal Controlled Oral Tradition and the Synoptic Gospels"이 복음서의 구술성 논의에 새로운 빛을 비춰주었다.

이 글에서 베일리는 그가 중동에 살며 겪었던 경험들이 성서 연구를 어떻게 도와주는지 잘 보여준다. 이 책의 주제에서는 조금 벗어나지만 재미있는 사례 하나를 인용해본다. 그가 베이루트에서 학생들에게 본문비평(textual criticism)에 관해서 강의할 때였다. 본문비평은 성서의 사본들을 비교하여 원본을 재구성해내는 작업으로서, 성서 본문이 계속하여 필사되어 내려오는 가운데 일어난 변화들을 가

---

33   『중동의 눈으로 본 예수』, 『지중해의 눈으로 본 바울』(새물결플러스), 『중동의 눈으로 본 예수님의 비유』(이레서원) 등 다수의 책이 우리말로 번역되어 있다.

려내는 일이 중요한 과제다. 베일리의 강의 후 한 학생이 조심스럽게 다음과 같이 말했다 한다. "선생님, 중요한 문제 하나를 빠뜨리셨습니다." 알고 보니 유세프 마티라는 이름의 그 학생은 이라크 북부의 한 시리아 정교회 수도원에서 십 년간 수도사로 생활하며 문서를 필사하는 일을 맡은 경험이 있었다. 그가 제시한 큰 문제란 다름 아니라 파리였다. 그들은 고대부터 내려온 방식으로 잉크를 만들어 필사하는데, 잉크가 마르기 전에 파리가 와서 마셔버린다는 것이다. 시리아어는 복수형을 점으로 표시하는데 파리가 점을 지워 단수형으로 바뀌는 사례가 종종 있었다는 것이다.[34]

다시 구술성 문제로 돌아가 보자. 베일리는 구술 전승이 전달되는 방식을 세 개의 모델로 나누어 제시한다. (1) 공식적이지 않고 통제되지 않은 구술 전승(informal uncontrolled oral tradition), (2) 공식적이지 않으나 통제된 구술 전승(informal controlled oral tradition), (3) 공식적이고 통제된 구술 전승(formal controlled oral tradition). 여기서 '공식적'(formal)이라는 말은 누구인지 알려진 선생과 누구인지 알려진 학생 그리고 무엇인지 알려진 전승 자료의 묶음이 있어서 한 사람으

---

34 Kenneth Bailey, "Informal Controlled Oral Tradition and the Synoptic Gospels," *Themelios* 20 (1995), 4. 이 글은 *Asia Journal of Theology* 5 (1991), 34-54에 처음 발표되었고 *Themelios* 20 (1995), 4-11에 재수록되었다. 나중에 나온 *Themelios* 글은 *AJT*의 오탈자를 바로잡고 문단 구성을 바꾸고 소제목을 다는 등 읽기에 더 편하도록 재편집되어 있다. 이하의 인용은 *Themelios* 글의 페이지 번호를 따른다. https://biblicalstudies.org.uk/article_tradition_bailey.html .

로부터 다른 사람에게로 공식적으로 전달된다는 뜻이다. '통제되었다'(controlled)는 말은 자료가 암기되고 (경우에 따라서는 기록되고) '전통'으로 간주되어 훼손되지 않도록 보존된다는 뜻이다.

먼저 "공식적이지 않고 통제되지도 않은"(informal uncontrolled) 구술 전승을 살펴보자. 베일리는 불트만과 양식비평의 관점이 이에 해당한다고 말한다. 불트만에 의하면 복음서 전승 형성과 전달의 주체는 초기 그리스도인 공동체인데, 그 공동체들은 전승을 엄격하게 보존하거나 전달 과정을 통제하는 데 관심이 없었다. 그래서 전승은 구술 연행 과정에서 그 공동체의 상황과 필요에 따라 자유롭게 만들어지기도 하고 합쳐지기도 하고 없어질 수도 있었다. 이 점에서 불트만의 관점은 "통제되지 않은 전승"이고 전승의 보존과 전달을 담당할 선생이나 학생이 없었다는 점에서 "공식적이지 않은 전승"이다.[35]

오늘날 중동의 현실에서 그에 상응하는 것은 '소문의 전달'이다. 특히 비극적이고 흉악한 사건이 일어날 때 공식적이지 않고 통제되지 않는 전달의 극단적 사례를 볼 수 있다. 베일리는 1975-1984년까지 레바논의 베이루트에서 이런 현상에 덮여서 살았다고 술회한다. 아침에 빵을 사려고 제과점 앞에 줄 서 있던 사람 3명이 총격으로 살해되었는데, 이 사건은 분노한 희생자들 사이에서 소문으로 퍼졌을

---

35   Bailey, "Informal Controlled Oral Tradtion," 5.

때 악한에 의해 300명이 학살된 사건으로 불어났다.[36]

양식사 학파와 대조되는 스칸디나비아 학파의 관점을 베일리는 "공식적이고 통제된"(formal controlled) 전승으로 성격화한다. 리센펠드와 에르핫손에 의하면 복음서 구술 전승의 삶의 정황은 초기 공동체의 설교나 교육이 아니라 예수 자신이었고, 그분의 말씀과 행적은 특별한 사람들에게 맡겨져 전달되었다. 전달 과정에서 예수 이야기는 암기되었고 거룩한 말씀으로 암송되었다. 그러면서 암기법, 내용의 압축, 암기를 위한 메모, 반복 기법 등 여러 가지 전승 통제 기술이 사용되었다. 예수 자신이 전승의 기원이자 선생으로서 제자들에게 말씀을 위임하여 그의 죽음으로부터 재림에 이르는 시대까지 보존하고 전달하게 했다. 그런 점에서 복음서 전승은 공식적이었으며 통제된 것이었다.[37]

베일리는 오늘날 중동에서도 공식적이고 통제된 구술 전승의 사례를 볼 수 있다고 말한다. 무슬림 시크교도들이 쿠란 전체를 암송하는 것이나 동방 정교회에서 다양한 종류의 긴 예전문들이 암기되는 것이 이에 해당한다. 그가 인용한 닐센(Eduard Nielsen)의 말에 의하면, 구술 전승에 비해 문서의 가치가 높이 평가되지 않는 관습이 오늘날 중동에 여전히 남아 있다. 그래서 쿠란은 암기되고 암송되어야 할 것

---

36   Ibid., 5.
37   Ibid., 5.

으로 여겨진다.[38]

베일리는 이렇게 양식사 학파와 스칸디나비아 학파의 입장을 대별하여 제시한 후, 자신은 그 한편에 서지 않는 중도적 입장을 취한다. 그것은 "공식적이지 않으나 통제된"(informal controlled) 구술 전승 모델이다. 베일리가 제시하는 제3의 모델에 관한 통찰은 그가 중동의 한 마을에서 경험한 '하플라트 사마르'(haflat samar)라는 모임에서 얻은 것이다.

하플라트 사마르란 마을 사람들이 저녁에 함께 모여 이야기를 들려주고 시를 낭송하는 모임이다. 이 모임은 정해진 선생이나 학생이 없다는 점에서 "공식적이지 않다"(informal). 이론적으로 말하자면 누구든지 이야기나 시를 읊을 수 있다. 그러나 실제로는 노인들, 더 재능이 많은 사람들, 사회적으로 저명한 사람들이 암송을 맡는다. 베일리는 그런 모임에 참여하여 종종 이것이 무슨 이야기인지 물은 적이 있다. 그러면 누군가가 이렇게 말하곤 했다. "아무개 장로가 그 이야기를 알아요." 그 즉시 그 인정받는 인물이 일어나서 자랑스럽게 이야기를 풀어낸다. 정해진 선생이나 학생은 없지만 그 모임에서 분명히 전승은 통제되고 있었다.[39]

베일리가 다른 마을에서 60대 노인에게 마을의 전통에 관해 물

38 Eduard Nielsen, *Oral Tradition: Studies in Biblical Theology. No. 11* (Chicago: Alec R. Allenson, 1954), 21.

39 Bailey, "Informal Controlled Oral Tradition," 7.

은 적이 있다. 그가 말을 시작하자 다른 사람이 막으며 이렇게 말했다. "그는 잘 몰라요. 이 마을 사람이 아니거든요." 베일리가 물었다. "그가 여기 산 지 얼마나 되었나요?" 그 사람이 다시 대답했다. "겨우 36년밖에 안 되었어요." 그 마을에 이주하여 36년이나 된 사람도 전승 전달을 위해 충분한 자격을 갖추지 못한 것으로 여겨졌다. 전승은 아무나 전달할 수 있는 것이 아니었다.[40]

양식비평 학자들이 어떤 구술 전승의 모델을 염두에 두고 있었는지는 궁켈의 이야기에서 잘 드러난다. 궁켈은 어릴 적 경험을 떠올리며 독일의 한 가정에서 할아버지가 손자에게 민담을 들려주던 모습에서 복음서 전승의 모델을 떠올린 것으로 보인다. 할아버지가 민담의 내용을 틀리게 전달하더라도 그것을 바로잡아 줄 사람은 없다. 그러나 베일리가 경험한 중동의 사례는 그와 다르다. 거기에 공식적인 선생이나 학생은 없었으나 전승이 분명히 통제되고 있었다.[41]

베일리는 전승의 유형에 따라 통제의 정도 곧 유연성의 정도가 달라진다고 말한다. 그는 중동 지역에서 여전히 구술 전승되는 다섯 개의 장르를 구별하는데, 그것은 (1) 격언, (2) 이야기, 수수께끼, (3) 시, (4) 비유나 이야기, (5) 마을이나 지역 역사에서 중요한 인물의 이야기 등이다. 유형에 따라 허용되는 유연성의 정도가 다르다. 시와 격

---

40   Ibid.
41   Ibid.

언은 토씨 하나 틀리지 않도록 암송해야 하지만, 비유와 인물 이야기에는 어느 정도 유연성이 허용된다. 그러나 기본적인 특징과 스토리라인은 변하지 않고 고정되어 있다. 한마디로 말해서 유연성과 통제가 공존한다 할 수 있다. 완전한 유연성이 허락된 것은 가십거리나 지나가는 뉴스뿐이다.[42]

베일리는 기원후 66-70년에 일어난 유대-로마 전쟁 이전까지 팔레스타인의 촌락들에서 공식적이지 않으나 통제된 구술 전달 시스템이 무리 없이 작동하고 있었을 것이라고 제안한다. 예수를 기대해온 메시아로 받아들인 사람들이 그에 관한 자료를 보존하고 전승함으로써 그들의 새로운 정체성의 토대로 삼고자 했다는 것이다. 그러다가 유대-로마 전쟁으로 인해 그러한 촌락의 사회적 구조가 파괴되었겠지만 20세 이상으로 예수를 경험한 사람들은 그 전승을 권위 있게 전달할 수 있었을 것이라고 말한다. 그러나 예수의 이야기를 들은 모든 사람에게 전승을 전달할 권위가 주어지지는 않았을 것이다. 오직 "목격자요 말씀의 일꾼 된 자들"(눅 1:2)에게 증언의 자격이 주어졌을 것이다.[43]

제임스 던(James Dunn)은 베일리의 중도적인 구술 전승 모델이 불트만의 "공식적이지 않고 통제되지도 않은" 모델이나 에르핫손의

---

42   Ibid.
43   Ibid., 10.

"공식적이고 통제된" 모델보다 더 널리 받아들일 만하다고 평가한다.[44] 그는 베일리가 제시한 중동 마을의 하플라트 사마르와 같은 저녁 모임이 예수 시대 갈릴리에서도 일어났을 가능성이 많다고 본다. 이러한 공동체 모임을 통해 안정성과 유연성이 균형을 이룬 "공식적이지 않으나 통제된" 구술 전승이 가능했으리라는 것이다.[45] 던은 특히 다음 세 가지 측면에서 베일리의 모델을 지지한다. (1) 하나의 공동체가 그 전승에 어떤 통제를 가하는지에 충분히 관심을 가졌고, (2) 그 통제의 정도는 형식에 따라 그리고 공동체의 정체성과 관련된 전승의 중요성에 따라 다양하게 나타났으며, (3) 이야기의 의미에 핵심으로 또는 열쇠로 간주된 요소는 가장 견고하게 보존되었다.[46]

뷔쉬코그와 보컴의 구술사와 목격자 증언

베일리와 던의 모델은 복음서 구술 전승의 주체가 공동체였다고 본다는 점에서 공통된다. 그러나 베일리가 그의 글 끝부분에 간단히 제시한 후 충분히 설명하지 않고 지나간 것이 있다. 그것은 목격자와 말씀의 일꾼 된 자들의 존재다(눅 1:2). 그 목격자들은 전승의 보존과 전달에서 어떤 역할을 했을까? 리처드 보컴은 목격자들의 역할에 주목하여 베일리가 "공식적이고 통제된 전승"(formal controlled oral

---

44   Dunn, "Altering the Default Setting," 155-56.
45   Ibid., 149.
46   Dunn, 『예수와 기독교의 기원(상)』, 296.

tradition)이라 부른 스칸디나비아 학파의 입장에 대한 더 적극적인 고려를 요청한다.

리처드 보컴의 책 『예수와 그 목격자들: 목격자들의 증언인 복음서』(Jesus and the Eyewitnesses: The Gospels as Eyewitness Testimony, 2006)는 복음서 전승의 주체로서의 목격자들에 대한 연구다. 보컴은 에우세비오스가 요약한 파피아스[47]의 『주의 말씀 강해』(Λογίων Κυριακῶν Ἐξήγησις) 프롤로그를 논의의 출발점으로 삼아 복음서 저자들이 예수 전승에 대해 가졌을 태도를 유추해낸다. 이 프롤로그에는 파피아스가 과거에 있었던 일을 술회한 내용이 담겨 있다. 프롤로그의 저술 연대는 2세기 초이지만, 파피아스가 술회하는 과거 사건의 시점은—보컴의 추론에 의하면—파피아스가 스무 살이던 80년 무렵이다. 그때는 마태복음, 누가복음, 요한복음이 저술되었을 시기이므로, 보컴은 파피아스의 글에 담겨 있는 복음서 전승에 대한 태도가 바로 복음서 저자들 시대의 그리스도인들이 가졌던 일반적인 태도를 보여준다고 말한다. 이 글에서 파피아스는 『주의 말씀 강해』를 쓰기 위해 예수 사건 목격자들의 증언을 중시했고 또 그들의 직접 증언을 듣기 위해 힘썼음을 잘 보여준다.[48]

---

[47] 히에라폴리스의 파피아스(Papias of Hierapolis, 60-163)는 사도 교부 가운데 하나이고 히에라폴리스의 감독이었다. 에우세비오스가 4세기에 저술한 『교회사』에 파피아스가 마가복음과 마태복음의 저자에 관해 언급한 내용이 포함되어 있다.

[48] Richard Bauckham, 박규태 역, 『예수와 그 목격자들: 목격자들의 증언인 복음서』

(1) 구술사와 목격자 증언

보컴의 선구자 역할을 한 책이 그보다 앞서 2000년에 출간된 뷔쉬 코그(Samuel Byrskog)의 『역사로서 이야기-이야기로서 역사』(*Story as History - History as Story*)다. 에르핫손의 제자인 뷔쉬코그는 구술사의 맥락에서 복음 전승을 연구하여 복음서가 목격자 증언이라는 보컴의 주장에 중요한 토대를 제공했다. '구술사'(oral history)란 역사학의 한 분야라 할 수도 있고 역사 연구 방법론의 하나라 할 수도 있는 것으로 인문사회과학의 다양한 분야에서 사용된다. 구술사는 사건의 당사자들이나 목격자들을 직접 만나 인터뷰한 내용을 토대로 역사를 서술한다. 20세기 중반에 시작된 구술사 연구는 문서 자료에 기초한 역사 연구를 보완하며 동시에 주류 역사에 대한 대안이 되기도 한다. 예를 들어, 구술사는 홀로코스트나 일본군 위안부처럼 문서 기록이 남아 있지 않은 사건들 또는 그동안 역사가들이 도외시해온 여성이나 민중의 이야기를 역사로 보존할 수 있는 좋은 방법이다.

뷔쉬코그는 그리스-로마의 역사가들이 사용했던 역사 서술 방법이 오늘날의 구술사와 많이 닮았음에 주목한다. 그것은 목격자의 역할을 중시하는 것이다. 헤로도토스, 투키디데스, 폴리비오스, 요세푸스, 타키투스와 같은 그리스-로마 역사가들이 목격자 증언을 중시

<hr />

(서울: 새물결플러스, 2015), 제2장과 제16장을 비롯한 여러 곳에서 파피아스가 언급된다. 한글 번역본은 2006년에 나온 초판이고, 2017년에 재판이 나왔다.

했음은 우리가 이미 앞에서 확인한 바 있다. 그들은 자신이 직접 사건에 참여함으로써 또는 다른 목격자를 조사함으로써 직간접적으로 목격자 증언을 실천했다. 목격자 증언은 과거에 접근하는 본질적인 수단이었다. 이러한 관찰을 토대로 뷔쉬코그는 고대 역사가들이 오늘날의 구술사가들과 매우 비슷한 방식으로 활동했다고 분석한다.[49]

구술사의 관점은 복음서 구술 전달에 대한 이해에 새로운 빛을 던져줄 수 있다. 구술사가들은 구전(oral tradition)과 구술사(oral history)를 구별해야 한다고 말한다. 다음 얀 반시나의 말을 들어보자.

구술 역사가들이 사용하는 자료는 같은 시대에 벌어진 사건과 상황들, 즉 정보 제공자들이 살아 있는 동안에 일어난 사건과 상황들에 관한 회상이나 전문(전해 들은 말), 목격담이다. 이것은 구전과 다르다. 구전은 더 이상 같은 시대에 속하지 않기 때문이다. 구전은 정보 제공자들이 살던 시기를 뛰어넘어 입에서 입으로 전해진다. 구전이 처한 상황과 구술 역사가 처한 상황은 자료 수집과 수집한 자료의 분석 측면에서 아주 상이한 형태를 띤다. 대개 구술 역사가들은 근래나 최근에 일어난 사건에 참여한 사람들을 인터뷰하는데, 이런 사건들은 그것과 연루된 공동체들의 역사의식이 여전히 유동 상태에 있을 때는 종종 극

---

49   Samuel Byrskog, *Story as History - History as Story: The Gospel Tradition in the Context of Ancient Oral History* (Boston: Brill, 2002), 48-65.

적 성질을 띤다.[50]

이 지점에서 우리는 양식비평이 만들어놓은 큰 오해 하나를 교정할 수 있다. 양식비평에서 복음서 형성 제2단계는 '구전' 과정으로 이해되었다. 마치 어느 시골 마을 한가운데 서 있는 오래된 느티나무에 관한 이야기가 조상 대대로 전해 내려오는 것과 같은 그런 구전 과정으로 말이다. 그러나 역사적 예수에서 마가복음에 이르는 기간은 '구전'으로 이해될 만큼 긴 기간이 아니다. 마가복음은 예수 사건 후 불과 한 세대 만에 기록되었으며, 마가복음이 저술될 때 예수 사건의 주요 목격자들 가운데 상당수는 여전히 생존해 있었다.[51]

보컴은 자신의 책의 많은 부분을 할애하여 사복음서가 목격자의 구술 증언을 토대로 저술되었음을 보여주고자 한다. 앞에서 누가복음 서문이 "목격자와 말씀의 일꾼 된 자들"에 관해 말할 때 거기에는 "처음부터"라는 수식어가 붙어 있다. "처음부터 목격자와 말씀의 일

---

50 Jan Vansina, *Oral Tradition as History*, 12, Bauckham, 『예수와 그 목격자들』, 69의 번역문을 사용함.

51 루스 피네건이나 엘리자베스 톤킨처럼 반시나의 개념 정의에 반대하는 학자들도 있다. 그들은 구전과 구술사가 개념적으로 명확히 구별될 수 없다고 본다. 그러나 이 책의 관심사는 용어의 개념 정의보다는 '구전'이라는 용어가 만들어내는 선입견 곧 복음서의 구술 전달이 매우 오랜 기간에 걸쳐 이루어졌다는 오해를 불러일으키는 현상에 있다. 비판적 입장에 대해서는 다음을 참조하라. Ruth Finnegan, "Tradition, but What Tradition and for Whom?" *Oral Tradition* 6 (1991), 104-24; Elizabeth Tonkin, *Narrating Our Pasts: The Social Construction of Oral History* (New York: Cambridge University Press, 1995), 87.

꾼 된 자들이 전하여 준 그대로"라고 말이다. 보컴은 이 표현이 그들이 예수 사건을 처음부터 목격했음을 강조한다고 말한다. 이것은 사도행전 1장에 나오는 예수의 증인 자격과 일치한다. 가룟 유다의 빈자리를 채울 열두 번째 사도를 새로 뽑을 때 베드로는 그의 자격을 다음과 같이 제시한다.

> 이러하므로 요한의 세례로부터 우리 가운데서 올려져 가신 날까지 주 예수께서 우리 가운데 출입하실 때에 항상 우리와 함께 다니던 사람 중에 하나를 세워 우리와 더불어 예수께서 부활하심을 증언할 사람이 되게 하여야 하리라 하거늘(행 1:21-22).

예수의 사역을 처음부터 끝까지 본 목격자라야 예수의 증인이 될 자격이 있다는 것이다.[52] 여기에 요한복음 15:26-27을 추가할 수 있다.

> 내가 아버지께로부터 너희에게 보낼 보혜사 곧 아버지께로부터 나오시는 진리의 성령이 오실 때에 그가 나를 증언하실 것이요 너희도 처음부터 나와 함께 있었으므로 증언하느니라.

---

52   Bauckham, 『예수와 그 목격자들』, 205-8.

(2) 복음서의 목격자 증인들

이와 관련하여 보컴은 사복음서에서 "목격자 증언의 인클루지오"(수미상관)를 찾아낸다. 마가복음의 경우를 보자. 파피아스에 의하면 마가복음은 베드로의 증언에 토대하여 저술되었는데, 마가복음을 자세히 읽어보면 베드로의 이름이 복음서 처음과 끝부분에 등장하여 인클루지오를 이루고 있음을 볼 수 있다. 마가복음은 세례 요한의 이야기로 시작하며 1:14-15에서 예수의 공생애 첫 활동을 보고한다. 그리고 바로 이어 16절에서 베드로의 이름이 등장한다.

> 갈릴리 해변으로 지나가시다가 시몬과 [시몬의][53] 형제 안드레가 바다에 그물 던지는 것을 보시니 그들은 어부라. 예수께서 이르시되 "나를 따라오라. 내가 너희로 사람을 낚는 어부가 되게 하리라" 하시니 곧 그물을 버려두고 따르니라(막 1:16-18).

여기서 특히 시몬의 이름이 강조되는 것을 볼 수 있다. 바로 이어 19절에 나오는 "세베대의 아들 야고보와 그의 형제 요한"이라는 표현처럼 "시몬과 그의 형제 안드레"라고 할 수도 있었을 것이다. 그러나 마가는 대명사를 사용하지 않고 시몬의 이름을 한 번 더 사용하여 강

---

[53] 우리말 성경은 개역개정, 새번역, 공동번역 모두 시몬의 이름을 한 번만 표기했으나 그리스어 성경에는 두 번 반복하여 나온다.

조한다.

　다음은 마가복음 끝 부분으로 가 보자. 우리말 성경에는 마가복음이 16:20까지로 되어 있지만, 사본 연구를 통해 대다수의 학자들이 내린 결론은 마가복음이 16:8로 끝난다는 것이다. 베드로의 이름은 그 바로 앞인 7절에서 언급된다.

> "가서 그의 제자들과 베드로에게 이르기를 예수께서 너희보다 먼저
> 갈릴리로 가시나니 전에 너희에게 말씀하신 대로 너희가 거기서 뵈오
> 리라 하라" 하는지라.

베드로의 이름이 예수 사역의 처음과 끝 부분에 매우 가까이 등장함으로써 수미상관을 이루고 있음을 볼 수 있다. 보컴은 이러한 장치를 통해 베드로가 예수 사건을 처음부터 끝까지 목격한 증인으로서 그의 증언이 예수에 관한 모든 것을 포괄함을 보여주려 하는 것이라고 분석한다.[54]

　요한복음에서도 이와 비슷한 목격자 증언의 인클루지오를 찾아볼 수 있다. 요한복음은 서문(1:1-18) 뒤에 세례 요한의 증언으로 시작하며 예수가 처음 등장하는 장면에서 요한이 자신의 제자 둘을 예수께 보낸다(요 1:35-37). 두 제자 가운데 하나는 안드레(1:40)이고, 다

54　Bauckham,『예수와 그 목격자들』, 209-11.

른 한 사람의 이름은 나오지 않는다. 베드로는 그 사람이 아니다. 안드레가 나중에 베드로를 데려와 예수께 소개하기 때문이다(1:41-42). 보컴은 요한복음에 베드로보다 먼저 등장하는 이 제자가 요한복음의 저자로 소개되는 "예수께서 사랑하시는 제자"일 가능성이 많다고 말한다.

그 제자는 요한복음의 마지막 부분에서 베드로보다 더 뒤에 다시 등장한다(요 21:20-24). 여기서 베드로는 돌이켜 예수께서 사랑하시는 그 제자가 "따르는" 것을 본다. 그리고 예수는 베드로의 질문에 대해 그가 오실 때까지 그 제자를 "머물게" 하고자 할지라도 무슨 상관이냐고 대답하신다. 같은 어휘들이 요한복음 첫 부분에서 두 제자가 예수를 따를 때도 사용된다. 두 제자는 예수를 "따라가서"(1:37) 그가 어디 "머무시느냐"고 묻는다(1:38). 그들은 예수께서 머무시는 곳을 보고 그날 밤 거기에 함께 머문다(1:38).[55] 그러나 요한복음이 베드로의 인클루지오를 무시하지는 않는다. 베드로의 이름은 요한복음 시작 부분에서 예수께서 사랑하시는 제자 바로 다음에 나오고(1:41-42) 끝부분에서는 그 제자 바로 앞에 나온다.[56]

위에서 살펴본 목격자 증언의 인클루지오는 마가복음에서는 베

---

[55] 두 본문 모두에서 "따르다"(ἀκολουθέω)와 "머물다"(μένω)를 뜻하는 같은 그리스어 동사들이 사용된다.

[56] Bauckham, 『예수와 그 목격자들』, 214-18. 보컴은 이와 비슷한 방식으로 누가복음에는 목격자 증언의 인클루지오에 여성들의 이름이 함께 나타난다고 말한다. 그러나 마태복음에서는 그러한 인클루지오를 찾을 수 없다고 한다(218-22).

드로가 그리고 요한복음에서는 예수께서 사랑하신 제자가 예수 사건 전체의 목격자이자 전승의 보증자로서 복음서 전승의 신뢰성을 뒷받침하고 있음을 보여준다. 그럼 두 제자 외에 유력한 다른 증인들이 더 있었을까? 보컴은 복음서에 이름이 언급된 사람들 가운데 많은 이들이 그들의 이름으로 전해지는 전승의 원천이었고 전승의 권위 있는 보증인으로서 그 이야기를 계속하여 증언한 당사자이기도 했을 것이라고 제안하며, 그 가능성을 세밀한 본문 분석을 통해 입증한다 (제3장). 그 가운데 대표적인 사람들이 바로 열두 제자다(제5장). 또한 그는 복음서에 나타나는 이름들의 패턴이 그 당시 팔레스타인 유대인들의 이름에 나타나는 패턴과 같으며 디아스포라 유대인과는 전혀 다르다는 점을 토대로 이 이름들이 뒤늦게 (헬레니즘 공동체가) 전승에 가져다 붙인 것일 가능성이 매우 낮음을 논증한다(제4장).

(3) 공식적이고 통제된 전승

복음서의 주된 자료가 목격자들의 증언으로부터 나온 것이라는 주장과 함께 보컴의 논지에서 중요한 위치를 차지하는 것은 에르핫손이 제시한 "고립된 전승"(isolated tradition)이라는 개념이다. 불트만은 전승의 양식이 삶의 정황에서 교회 공동체의 필요에 의해 형성되었다고 주장했으나, 실제로 예수 전승은 이러한 활용과 무관하게 예수의 말씀과 행적 그 자체를 위해 전달되었으며, 그러한 목적을 위해 전승

을 온전히 보존하려고 했다는 것이다.[57]

앞에서 살펴본 것처럼, 구술성의 특징 가운데 하나는 사람들의 생활세계에 밀착되는 것이다. 구술 연행은 대개 연사와 청중이 가까이 대면하여 이루어지므로 청중의 삶과 밀접히 연결되고 연사는 청중이 듣고 싶어 하는 주제에 관해서 말하게 되므로 청중의 관심사가 아닌 내용은 자연스럽게 잊히는 경향이 있다. 그와 반면에 전승이 고립되어 있다는 것은 이러한 밀착성의 영향에서 벗어나 있다는 뜻이다. 예수 전승은 그 자체로 의미가 있고 권위를 가지고 있으므로 청중의 관심과 무관하게 그 자체로 보존될 가치가 있었다. 또 바로 그 사실로 인해 청중의 지속적이고 견고한 관심사가 되기도 했을 것이다.

이러한 전승의 가치로 인해 보컴은 복음서 전승이 공식적인 방식으로 전해졌을 가능성이 많다고 주장한다. 베일리의 모델을 따르자면 "공식적이고 통제된"(formal controlled) 전승이었다는 것이다. 전승이 '공식적'이라는 말은 선생들과 학생들이 누구인지 알려져 있다는 뜻이다. 누구인지 알려진 선생들은 열두 사도를 비롯한 목격자들이다. 누구인지 알려진 학생들은 목격자로부터 전승을 직접 받고 배웠기 때문에 전승 전달자로서의 권위를 인정받고 있었던 공동체 내부의 교사들이다. 보컴은 이들이 전한 전승에는 개별적으로 목격자

---

57   Ibid., 451-52.

의 이름이 따라붙어 있는 경우가 많았을 것이라고 제안한다.[58] 이러한 추론과 함께 보컴은 베일리가 팔레스타인의 유대인 촌락에 초점을 맞추면서 예루살렘 교회를 적절히 고려하지 못했음을 지적한다.[59]

보컴은 예수 전승이 공식적이었다고 볼 수 있는 근거를 바울 서신 본문들에서 찾아낸다. 고린도전서 11장과 15장에서 바울은 각각 성만찬 전승과 부활 현현 전승에 관하여 다음과 같이 말한다.

> 내가 너희에게 전한[파라디도미] 것은 주께 받은[파라람바노] 것이니 곧 주 예수께서 잡히시던 밤에 떡을 가지사…(고전 11:23).

> 내가 받은[파라람바노] 것을 먼저 너희에게 전하였노니[파라디도미] 이는 성경대로 그리스도께서 우리 죄를 위하여 죽으시고…(고전 15:3).

여기에서 바울이 사용하는 두 용어 "파라람바노"($\pi\alpha\rho\alpha\lambda\alpha\mu\beta\acute{\alpha}\nu\omega$; 갈 1:9; 골 2:6; 살전 2:13; 4:1 "배웠으니"; 살후 3:6)와 "파라디도미"($\pi\alpha\rho\alpha\delta\acute{\iota}\delta\omega\mu\iota$)는 전승(파라도시스)의 전달과 수령을 가리키는 전문 용어다. 이 용어들은 신약성경의 다른 책들(막 7:4 "지키어 오는"; 행 6:14; 유 3절; 눅 1:2)과 초

---

58   Ibid., 419-28.
59   Ibid., 481-82.

기 기독교 문헌들(디다케 4:13; 바나바서신 19:11) 그리고 그리스어로 된 유대인들의 저술에도 나타난다(요세푸스, 『유대 고대사』 13.297; 『아피온 반박』 1.60). 전승을 전달한다는 것은 "누군가가 무엇을 다른 이에게 넘겨줌으로써 그가 그것을 소유하도록 해준다"는 뜻이다. 그리고 전승을 받는다는 것은 "누군가가 무엇을 다른 이로부터 받음으로써 그것을 소유한다"는 뜻이다.[60] 이러한 전승 전달과 수령에는 권위 있는 선생과 전달자가 반드시 필요하다. 위 구절들에서 바울은 자신을 이러한 전승 사슬을 구성하는 한 부분으로 여기고 있음을 알 수 있다.[61]

바울은 이 전승들을 예루살렘의 사도들로부터 받았을 것이다. 보컴은 고린도전서 15:3-11에서 그 근거를 찾아낸다. 그리고 회심 후 3년 만에 예루살렘에 올라가 2주간 베드로와 독대한 기간에 예수 전승을 철저히 전해 받았을 것이라고 말한다(갈 1:18).[62] 바울이 자신이 받은 전승을 주의 깊게 다루는 모습은 고린도전서 7장에 잘 나

---

60   Birger Gerhardsson, "Illuminating the Kingdom: Narrative Meshalim in the Synoptic Gospels," *Jesus and the Oral Gospel Tradition* (ed. H Wansbrough; Sheffield: Sheffield University Press, 1991), 306.

61   Bauckham, 『예수와 그 목격자들』, 431-33.

62   데이비드 웬함(David Wenham)은 그의 책 *From Good News to Gospels: What Did the First Christians Say about Jesus?*에서 바울이 예수의 행적과 말씀에 관한 전승을 광범위하게 알고 있었고 그것을 자신의 서신에 사용했음을 상세히 논증한다. 그 전승에는 고린도전서 6:12-13; 7:10-11; 9:19; 11:23-26; 15:1-4; 갈라디아서 3:1; 5:13; 6:2, 17; 4:4; 데살로니가전서 1:9-10; 5:2; 로마서 12:14-19; 13:8-10; 14:14 등이 포함된다. 우리말 번역은 다음과 같다. David Wenham, 이용중 역, 『복음은 어떻게 복음서가 되었을까?』(서울: 새물결플러스, 2021), 81-112.

5장 • 복음서의 구술성   177

타난다. 바울은 이혼에 관해 권면하면서 주께로부터 받은 것(10-11절)과 바울 자신의 의견(12-16절)을 분명히 구별한다. 양식사 학파가 주장하는 대로 되었다면 바울은 예수의 말씀과 자신의 해석을 적절히 섞어서 주의 말씀이라는 이름으로 얼버무렸을 것이다. 그러나 바울은 예수 전승을 그렇게 함부로 다루지 않았다. 이것은 복음서의 예수 이야기를 전달하는 초기 그리스도 교회의 태도가 어떠했는지를 잘 보여주는 사례일 것이다.[63]

바울이 고린도전서를 써 보낸 것은 기원후 50년대 초중반이다. 이때는 복음서 형성 제2단계(기원후 30-70)의 절반이 지난 후다. 그때까지 예수 전승은 예루살렘 사도들부터 바울까지 단 한 단계 이어졌을 뿐이다. 물론 사도들 자신도 여전히 살아서 목격자 증언을 계속하고 있었을 것이다. 기원후 80년대 중반에 저술된 누가복음 서문에서 저자는 목격자와 말씀의 일꾼 된 자들이 전하여 준 것을 서사로 엮어내는 그 일에 자신이 일부가 되었다고 말한다(눅 1:1-3). 예수 사건의 목격자로부터 직접 들은 내용을 토대로 복음서를 저술했다는 것이다. 이는 그 당시에도 예수 사건으로부터 복음서까지의 시간적·경험적 거리가 그리 멀지 않음을 보여준다. 보컴의 분석대로 예수의 말씀과 행적이 "공식적이면서 통제된" 방식으로 구술 전달되었다면, 그리고 복음서 저자들이 예수 사건의 목격자들과 직접 잇닿아 있었다면,

---

63   Bauckham, 『예수와 그 목격자들』, 433-37.

복음서 형성 제2단계의 구술 전달 과정은 복음서의 역사성과 사실성에 그리 심각하게 부정적인 영향을 미치지 않았을 것이다.

지금까지 복음서 전승의 구술 전달 과정을 설명하는 세 가지 모델에 관해 살펴보았다. 복음서 형성 제2단계에 해당하는 기간 동안 복음서 전승은—양식비평이 가정한 것과는 매우 다른 모습으로—공식적이든 비공식적이든 분명한 통제가 이루어지는 가운데 후대의 그리스도인들에게 전달되었음을 확인할 수 있었다. 앞에서는 양식비평에 대한 대안을 베일리와 던의 모델("공식적이지 않으나 통제된 전승")과 뷔쉬코그와 보컴의 모델("공식적이고 통제된 전승")로 대별하여 살펴보았다. 그러나 신약성서 학계에서 실제로 이루어지고 있는 논의들은 이 책에 단순화하여 소개한 것보다 훨씬 더 세밀하고 복합적이다. 학자들의 논의는 한편으로 "공식적이지 않으나 통제된 전승" 모델과 다른 한편으로 "공식적이고 통제된 전승" 모델을 두고 그 사이에서 양자의 장단점을 함께 살펴보는 방향으로 이루어지고 있으며, 복음서의 구술 전승 과정을 어느 한 모델로 단순화하여 온전히 설명하기는 어렵다는 점에 대체로 동의하고 있다.[64]

---

[64] 이 책에 소개한 두 모델을 평가하고 종합하려는 시도들에 대해서는 다음 두 책을 참조하라. Eve, 『예수에서 복음서까지』; Michael Bird, 신지철 역, 『주 예수의 복음: 초기 교회는 예수 이야기를 어떻게 기록했는가?』(서울: 새물결플러스, 2017), 71-147, 161-226. 이브와 버드는 두 모델을 기초로 삼고 복음서 구술 과정을 보여주는 좀 더 세밀한 길을 찾기 위해 기억 이론을 적극 활용한다. 이 책에서는 기억 이론을 따로 다루지 않았다. 그 이유는 그 이론들 중 어느 것을 채택하느냐에

복음서의 구술 전승 과정을 잘 설명해줄 수 있는 정교한 모델을 찾기 위해 상세하고 복합적인 논의가 신약성서 학자들 사이에서 이어지고 있다. 그러나 그 주제를 더 다루지는 않으려 한다. 두 모델의 적실성을 검증하고 평가하며 새로운 모델을 찾는 것은 이 책이 설정한 한계를 넘어서기 때문이다. 어떤 모델로 설명하든 이 논의에 참여하고 있는 학자들은 다음 사실에 동의하고 있다. 오랫동안 신약성서 학계를 지배해온 양식비평의 가정과 달리 복음서의 역사성과 사실성은—그 시대의 기준으로 볼 때—구술 전달 과정에서 크게 훼손되지 않은 채 보존되었다. 복음서는 그 역사성을 신뢰할 수 있는 책이다.

따라 복음서의 역사적 사실성에 대한 견해가 달라질 수 있으므로 각 이론에 대한 평가가 필요한데 그것은 이 책의 범위를 벗어나기 때문이다. 복음서의 역사성과 관련된 기억 이론 논의에 관심이 있는 독자들은 Bauckham, 『예수와 그 목격자들』, 510-58; Eve, 『예수에서 복음서까지』, 203-47; Bird, 『주 예수의 복음』, 197-223; 권영주, "공관복음서 문제에 대한 최근 연구 동향: 구술 이론과 기억 이론을 중심으로", 「신약논단」 25(2018), 877-90를 참조하라.

결론

성경은 역사적 사실이다

성경은 역사적 사실인가? 이 질문에 답하기 위해 이 책에서 우리는 먼저 사복음서를 비교하여 관찰해 보았다. 그 결과 예수 사건과 말씀의 배열 순서와 세부적인 서술에서 사복음서 사이에 적지 않은 차이가 있음을 알게 되었다. 그것이 어쩌면 이 책의 많은 독자를 놀라게 하거나 실망스럽게 했을지도 모른다. 왜냐하면 실증주의의 관점에 익숙해진 우리의 눈으로 볼 때 이것은 성경의 신빙성과 하나님의 말씀으로서의 권위를 의심하게 하는 심각한 문제일 수 있기 때문이다.

신약성서 시대 그리스-로마의 전기/역사와의 비교를 통해 우리는 복음서에 나타나는 불일치가 그 시대의 사실성의 테두리 안에 있는 것으로서 전기와 역사 서술에서 충분히 허용될 수 있는 정도의 것임을 확인했다. 그와 함께 복음서는 그 시대의 기준으로 보아 전기와 역사로서 손색이 없는 책들임을 알 수 있었다. 그 말은 복음서 저자들이 복음서에 예수 그리스도에 관한 역사적 사실을 담으려 의도했고 독자들도 복음서에서 예수에 관한 사실을 기대했음을 뜻한다. 그와 함께 복음서 저자들이 입수한 예수의 말씀과 행적에 관한 전승은 역사적으로 신뢰할 만한 것이었다. 사복음서가 교회의 예배를 통해 꾸준히 읽히며 무리 없이 신약 정경에 포함될 수 있었던 것은 그 책들이 역사성을 포함하는 그리스도인들의 그러한 기대를 만족시켰기 때문일 것이다.

이 책의 전반부가 복음서의 문서 저술 과정에 초점을 맞추었다면, 후반부 논의는 복음서의 구술성에 집중했다. 복음서는 예수의 제자들이 예수 시대에 직접 쓴 것이 아니라 한동안의 구술 전달을 거쳐 후대의 그리스도인들에 의해 기록되었다. 기원후 1세기를 셋으로 나누어 볼 때, 역사적 예수의 시기인 제1단계와 복음서 저술의 시기인 제3단계 사이에 예수 이야기가 구술로 전달되고 기억으로 보존되던 복음서 형성 제2단계가 있었다. 양식비평은 예수의 말씀과 행적을 담은 전승들이 이 시기에 만들어지고 전수되는 가운데 불어나고 다른 전승들과 합쳐지면서 자유롭게 변형되었을 것으로 가정한다. 그러한 가정은 복음서의 역사성에 대한 회의적 관점이 신약성서 학계에 확산되게 하는 원인이 되었다.

우리는 불트만의 가정들을 하나씩 검토하며 문제점들을 확인했고 양식사 학파가 제시한 "복음서 전승사"가 충분한 근거를 가지지 못한 것임을 알 수 있었다. 오히려 복음서 형성 제2단계는 양식비평이 만들어낸 왜곡된 인상에 비해 훨씬 더 짧은 기간이었고, 이 시기에 예수 전승은 공식적으로든(formal) 비공식적으로든(informal) 분명히 통제되었으며(controlled), 예수의 말씀과 행적은 목격자들이 살아 있는 가운데 그들의 권위에 기대어 전달되었음을 볼 수 있었다. 고린도전서가 보여주는, 예수 전승과 자신의 의견을 선명하게 구별하는 바울의 사려 깊은 태도와 누가복음 서문에 나오는 목격자 증언에 대한 강조는 복음서가 단순히 민간 구전의 수집록이 아니라 신뢰할 수 있는 구술 증언에 기초하여 기록된 일종의 구술사(oral history)임을 보여준다.

이 책은 "성경은 역사적 사실인가?" 하는 질문으로 시작했다. 처음부터 끝까지 이 책을 진지하게 읽은 독자들은 적어도 복음서에 관해서는[1] 이 질문에 "그렇다" 하는 답을 내릴 수 있기를 기대한다. 그와 동시에 많은 독자가 책을 읽기 시작할 때와 비교하여 '성경은 역사적 사실'이라는 명제의 의미가 바뀌었음을 자각할 것이다. 그것은 '사실'이라는 어휘의 의미가 바뀌었기 때문이고, 성경 가운데 복음서의 저술 과정에 대한 이해가 달라졌기 때문이다. 그렇게 독자들의 질문이 한 단계 업그레이드했다면 이 책은 그 목표를 충분히 이루었다고 할

---

1   신약성서에서 전기와 역사로 분류되는 책은 복음서와 사도행전이다. 이 책은 복음서에 초점을 맞추었으나 여기 담긴 논의는 누가복음과 동일 저자의 저술인 사도행전에도 비슷하게 적용할 수 있다. 그러므로 우리는 이를 토대로 신약성경은 역사적 사실이라고 말할 수 있다. 그러나 구약성경은 신약성경과 다른 과정을 통해 저술되고 편찬되었으므로 신약과는 조금 다른 논의가 필요하다. 그에 대해서는 구약학자들에게 맡겨둔다.

수 있다.

좋은 책은 독자에게 배움과 즐거움을 주지만 비록 보잘것없는 책일지라도 저자에게만큼은 큰 배움을 준다. 이 책을 쓰는 동안 내가 얻은 가장 큰 배움은 예수의 말씀과 행적을 전승하고 보존한 초기 그리스도인 공동체들에 관해 더 세밀하게 생각해볼 수 있는 기회를 얻은 것이다. 양식비평의 한계를 지적하는 사람들 사이에서도 전승을 전달하는 과정에서 "말씀의 목격자요 일꾼 된 자들"(눅 1:2)과 그리스도인 공동체가 각각 어떤 역할을 했는지에 대해서는 합의가 이루어져 있지 않지만, 전달 과정에서 양자의 협력이 있었다는 점에서는 대체로 일치한다. 그 협력을 통해 "케리그마로서의 역사"이자 "역사로서의 케리그마"인 예수 신앙이 살아남아 오늘 우리에게까지 이어지고 있다.

초기 그리스도 교회에는 공식적인 통괄 조직이 있지 않았다. 그러나 그들은 자율적으로 복음의 역사성을 통제하고 지켜내면서 동시에 자신들이 그 역사의 일부가 되었다. 지나친 단순화를 무릅쓰고 비교해보자면, 그 모습과 오늘 우리 사이에 닮은 점이 있다. 오늘의 한국 개신교회에는 총회와 같은 통괄 조직[2]이 있긴 하지만, 사실 많은 개신교 교파에서는 개교회의 자율성이 큰 편이다. 말씀을 보존하고

---

2   대부분의 개신교단에는 '총회'가 있지만, 감리교회에서는 '연회', 대한성공회에서는 '관구'가, 구세군에서는 '대한본영'이 총회와 비슷한 역할을 한다.

전달하는 역할은 목회자가 담당한다. 그러나 회중이 목회자의 설교에 많은 영향을 미친다. 설교자는 회중의 반응에 민감하기 때문이다. 그 민감함이 지나치면 구술문화의 항상성(homeostasis)이 강하게 작용하여 복음의 본질은 사라지고 청중의 기호만 살아남게 된다. 그러나 설교자가 청중의 요청에 둔감하면 복음이 오늘의 현실에서 새롭게 살아나지 못하고 과거의 유물로 굳어버리게 된다. 그래서 설교자는 늘 말씀과 청중 사이에서 적절한 균형을 찾아야 한다.

초기 그리스도인 공동체는 구술문화 속에서 예수 그리스도의 말씀을 역사로서 보존한 동시에 오늘의 삶 속에 살려내는 소임을 탁월하게 완수해냈다. 그리함으로써 그들은 우리가 기억해야 할 역사가 되었다. 그 역사는 오늘까지 이어져 왔다. 그래서 우리도 하나님의 구원역사의 일부가 되었다. 그 역사 속에서 우리는 우리의 역할을 어떻게 이어받아 잘 감당할 수 있을까? 그리고 우리는 어떻게 기억되어 역사에 남게 될까? 우리가 믿는 예수 그리스도 신앙은 역사로서의 신앙이다. 그 신앙의 요청 앞에 겸손히 나 자신을 세워본다.

참고문헌

권영주. "공관복음서 문제에 대한 최근 연구 동향: 구술 이론과 기억 이론을 중심으로."「신약논단」25(2018), 863-99.

_____.『너희는 나를 누구라 하느냐?: 그리스-로마 전기 장르로 다시 읽는 마가복음』. 서울: 감은사, 2023.

_____. "복음서의 상이성은 왜 나타나는가?―고대 전기 작가들의 작법 분석을 중심으로."「신약연구」17(2018), 463-85.

권종선. "전기로서의 복음서 장르에 대한 논의와 평가."「복음과 실천」43(2009), 13-42.

김경현. "헤로도토스를 위한 변명."「서양고전학연구」24(2005): 265-302.

김봉철. "헤로도토스와 그리스 신화 서술: 제우스 서술을 중심으로."「서양고대사연구」27(2010), 263-93.

박인철.『에드문드 후설: 엄밀한 학문성에 대한 철학의 개혁』. 파주: 살림출판사, 2013.

안용성. "마태와 누가: 잔치의 비유 비교(1) 초대받은 자와 참여한 자." 유튜브 채널〈안용성의 성서와 해석〉https://youtu.be/zVQJwsWuJJc.

_____. "잔치의 비유 비교(2) 마태의 행위와 누가의 이방인." 유튜브 채널〈안용성의 성서와 해석〉https://youtu.be/8NPYn81Fm5I.

_____.『현상학과 서사공간: 성서의 이야기 공간에 대한 현상학적 고찰』. 서울: 새물결플러스, 2018.

오흥식. "투키디데스의 티케." 「서양사론」 46(1995), 125-79.

이두희. "역사가들의 전쟁기술에 나타나는 '비극적 역사'(Tragic History) 문체: 헤로도토스, 투키디데스, 할리카르나소스의 디오니시오스를 중심으로." 「서양고전학연구」 37(2009), 47-69.

Achtemeier, Paul J. "Omne Verbum Sonat: The New Testament and the Oral Environment of Late Westrern Antiquity." *Journal of Biblical Literature* 109 (1990), 3-27.

Alexander, Loveday. *The Preface to Luke's Gospel: Literary Convention and Social Context in Luke 1.1-4 and Acts 1.1.* Cambridge: Cambridge University Press, 1993.

Anderson, B. W. 김성천 역.『구약성서 탐구』. 서울: 기독교문서선교회, 2017.

Aune, David E. *The New Testament in Its Literary Environment.* Philadelphia: Fortress Press, 1987.

_____. "Greco-Roman Biography." *Greco-Roman Literature and the New Testament: Selected Forms and Genres.* Edited by David E. Aune. Atlanta: Scholars (1988), 107-26.

Bailey, Kenneth. "Informal Controlled Oral Tradition and the Synoptic Gospels." *Asia Journal of Theology 5* (1991), 34-54.

_____. "Informal Controlled Oral Tradition and the Synoptic Gospels." *Themelios 20* (1995), 4-11. Https://biblicalstudies.org.uk/article_tradition_bailey.html.

Bauckham, Richard. "Historical Characteristics of the Gospel of John," *New Testament Studies 53* (2007), 17-36.

_____. 박규태 역. 『예수와 그 목격자들: 목격자들의 증언인 복음서』. 서울: 새물결플러스, 2015.

Bird, Michael. 신지철 역. 『주 예수의 복음: 초기 교회는 예수 이야기를 어떻게 기록했는가?』. 서울: 새물결플러스, 2017.

Bond, Helen K. 이형일 역. 『예수의 첫 번째 전기: 마가복음의 장르와 의미』. 서울: 새물결플러스, 2023.

Botha, Peter. "Mark's story as oral traditional literature: Rethinking the transmission of some traditions about Jesus." *HTS Theological Studies 47* (1991), 304-31.

Brown, Raymond E. 김근수, 이은순 공역, 『신약개론』. 서울: 기독교문서선교회, 2003.

Bryskog, Samuel. *Story as History-History as Story: The Gospel Tradition in the Context of Ancient Oral History.* Boston: Brill, 2002.

Bultmann, Rudolf. *Theology of the New Testament.* Translated by Kendrick Grobel. New York: Charles Scribner's Sons, 1951.

_____. 허혁 역. 『신약성서신학』. 서울: 한국성서연구소, 1976.

_____. *Jesus and the Word.* Translated by L. P. Smith & E. H. Lantero. New York: Scribner, 1958.

_____. *The History of the Synoptic Tradition.* Translated by John Marsh. New York: Harper & Row, c1963, 1976.

_____. 허혁 역. 『공관복음서 전승사』. 서울: 대한기독교서회, 1970.

_____. "The Primitive Christian Kerygma and the Historical Jesus." *The Historical Jesus and the Kerygmatic Christ: Essays on the New Quest of the Historical Jesus.* Translated and edited by Carl Braaten & Roy Harrisville. New York: Abingdon (1964), 15–42.

_____. "3. The Gospels(Form)." *Twentieth Century Theology in the Making Vol. 1. Themes of Biblical Theology.* Edited by Jaroslav Pelikan. New York: Harper & Row (c1969), 86–92.

Bultmann, Rudolf, Karl Kundsin. *Form Criticism: Two Essays on New Testament Research.* Translated by Frederick C Grant. New York: Harper & Row, 1962.

Burridge, Richard. *What are the Gospels? A Comparison with Graeco-Roman Biography.* Cambridge: Cambridge University, 1992.

Conford, F. M. *Thucydides Mythistoricus.* London: Edward Arnold, 1907.

Derrenbacker, R. A. Jr. *Ancient Compositional Practices and the Synoptic Problem.* Leuven: Peeters, 2005.

Dewey, Joanna. "Oral Methods of Structuring Narrative in Mark." *Interpretation 43* (1989), 32–44.

Dibelius, Martin. *From Tradition to Gospel.* Translated by B. L. Woolf. London: Nicholson and Watson, 1934.

Downing, F. Gerald. "Redaction Criticism: Josephus' Antiquities and the Synoptic Gospels (I)." *Journal for the Study of the New Testament 2* (1980), 45–65.

_____. "Redaction Criticism: Josephus' Antiquities and the Synoptic Gospels (II)." *JSNT 3* (1980), 29-48

Drury, John. *Tradition and Design in Luke's Gospel: A Study in Early Christian Historiography.* Atlanta: John Knox, 1976.

Dunn, James. "Altering the Default Setting: Re-envisaing the Early Transmission of the Jesus Tradition," *New Testament Studies 49* (2003), 139-75.

_____. 차정식 역. 『예수와 기독교의 기원(상): 역사적 예수, 복음서의 예수 그리고 하나님 나라』. 서울: 새물결플러스, 2010.

Eve, Eric. 박규태 역. 『예수에서 복음서까지』. 서울: 좋은씨앗, 2016.

Finnegan, Ruth. *Oral Poetry: Its Nature, Significance and Social Context.* Eugene, Or.: Wipf and Stock Publishers, 1977.

_____. "Tradition, but What Tradition and for Whom?" *Oral Tradition 6* (1991), 104-24.

Foley, John Miles. *The Singer of Tales in Performance.* Bloomington and Indianapolis: Indiana University, 1995.

Ganz, Solomon. "Oral Tradition in the Bible." *Jewish Studies in memory of George A. Kohut 1874-1933.* Edited by Salo W. Baron & Alexander Marx. New York: The Alexander Kohut Memorial Foundation (1935), 248-69.

Gerhardsson, Birger. *Memory and Manuscript: Oral Tradition and Written Transmission in Rabbinic Judaism and Early Christianity.* Lund: C. W. K Gleerup; and Copenhagen: Ejnar Munksgaard, 1961.

_____. "Illuminating the Kingdom: Narrative Meshalim in the Synoptic Gospels." *Jesus and the Oral Gospel Tradition*. Edited by H Wansbrough. Sheffield: Sheffield University Press, 1991.

Goody, Jack, Ian Watt. "The Consequences of Literacy." *Literacy in Traditional Societies*. Cambridge, England: Cambridge University Press (1968), 27–68.

Goody, Jack. 김성균 역. 『야생정신 길들이기: 인간 정신의 발달 과정을 해명하다』. 서울: 푸른역사, 2009.

Gregory the Great. *Gregory the Great Forty Gospel Homilies*. Translated by Dom Hurst. Piscataway, NJ: Gorgias Press LLC, 2009.

Harris, William V. *Ancient Literacy*. Cambridge, Mass.: Harvard University Press, 1989.

Harrison, T. *Divinity and History: The Religion of Herodotus*. Oxford: Clarendon, 2000.

Havelock, Eric. 권루시안 역. 『뮤즈 글쓰기를 배우다: 고대에서 현재까지 구술과 문자에 관한 생각』. 파주: 문학동네, 2021.

_____. 이명훈 역. 『플라톤 서설』. 파주: 글항아리, 2011.

Henderson, Jordan. "Josephus's Life and Jewish War Compared to the Synoptic Gospels." *Journal of Greco-Roman Christianity and Judaism 10* (2014), 113–31.

Hirschberger, Johannes. 강성위 역. 『서양철학사(하)—근세와 현대』. 대구: 이문출판사, 2012.

Iggers, Georg. 임상우, 김기봉 역. 『20세기 사학사: 포스트모더니즘의 도전, 역사학은 끝났는가?』. 서울: 푸른역사, 1999.

Iverson, Kelly R. "Orality and the Gospels: A Survey of Recent Research." *Currents in Biblical Research 8* (2009), 71-106.

Käsemann, Ernst. "Das Problem des Historischen Jesus." *Zeitschrift fur Theologie and Kirche 51*(1954), 125-53.

_____. *Essays on New Testament Themes*. London, SCM, 1964.

Keener, Craig. "Otho: A Targeted Comparison of Suetonius's Biography and Tacitus's History, with Implications for the Gospels' Historical Reliability." *Bulletin for Biblical Research 21* (2011), 331-56.

_____. 이옥용 역. 『요한복음』. 서울: 기독교문서선교회, 2018.

_____. 이용중 역. 『예수 그리스도 전기: 복음서의 기록은 신뢰할 만한 것인가?』. 서울: 새물결플러스, 2021.

Kelber, Werner "Mark and Oral Tradition." *Semeia 16* (1979), 7-55.

_____. *The Oral and the Written Gospel: The Hermeneutics of Speaking and Writing in the Synoptic Tradition, Mark, Paul, and Q*. Philadelpia: Fortress, 1983.

Kwon, Youngju. "Reimaging the Jesus Tradition: Orality, Memory, and Ancient Biography." Ph.D. dissertation., Asbury Theological Seminary, 2018.

Lee, DooHee. *Luke-Acts and 'Tragic History': Communicating Gospel with the World*. Tübingen: Mohr Siebeck, 2013.

Licona, Michael. *Why are there Differences in the Gospels? - What we can learn from Ancient Biography*. Oxford: University Press, 2017.

Morton Smith, "A Comparison of Early Christian and Early Rabbinic Tration." *Journal of Biblical Literature* 82 (1963), 169-76.

Nielsen, Eduard. *Oral Tradition: Studies in Biblical Theology*. No. 11. Chicago: Alec R. Allensen, 1954.

Ong, Walter. 임명진 역.『구술문화와 문자문화: 언어를 다루는 기술』. 서울: 문예출판사, 1995.

Parry, Adam. *The Making of Homeric Verse: The Collected Papers of Milman Parry*. Oxford: Clarendon Press, 1971.

Porter, Stanley. "Did Jesus Ever Teach in Greek?" *Tyndale Bulletin* 44 (1966), 199-235.

Riesenfeld, Harald. *The Gospel Tradition and its Beginnings: A Study in the Limits of 'Formgeschichte.'* London: A. R. Mowbray, 1957.

Sanders. E. P. *The Tendencies of the Synoptic Tradition*. New York: Cambridge University Press, c1969.

Schmidt, Karl. *Der Rahmen der Geschichte Jesu*. Berlin: Trowizch, 1919.

Schweitzer, Albert. *The Quest of the Historical Jesus: A Critical Study of its Progress From Reimarus to Wrede*.

Scullion, S. "Herodutus and Greek Religion." *The Cambridge Companion to Herodotus*. Edited by C. Dewald & J. Marincola. New York: Cambridge University Press (2006), 192-208.

Strauss, David. F. *A New Life of Jesus*. London: Williams & Norgate, 1865.

Talbert, Charles. H. *What is a Gospel?: The Genre of the Canonical Gospels.* Philadelphia: Fortress, 1977.

Temmerman, Koen De, Kristoffel Demoen. *Writing Biography in Greece and Rome: Narrative Technique and Fictionalization.* Cambridge: Cambridge University Press, 2016.

Thomas, Rosalind. *Literacy and Orality in Ancient Greece.* Cambridge, England: Cambridge University Press, 1992.

Tonkin, Elizabeth. *Narrating Our Pasts: The Social Construction of Oral History.* New York: Cambridge University Press, 1995.

Vansina, Jan. *Oral Tradition as History.* Madison, Wi.: The University of Wisconsin Press, 1985.

Wardman, A. E. "Myth in Greek Historiography." *Historia: Zeitschrift für Alte Geschichte 9* (1960), 403-13.

Wenham, David. 이용중 역.『복음은 어떻게 복음서가 되었을까?』. 서울: 새물결플러스, 2021.

교회를 위한 성서학

복음서는 역사적 사실인가?

Copyright ⓒ 안용성 2024

1쇄 발행 2024년 2월 29일

지은이   안용성
펴낸이   김요한
펴낸곳   새물결플러스

편 집   왕희광 정인철 노재현 이형일 나유영 노동래
디자인   황진주 김은경
마케팅   박성민
총 무   김명화 이성순
영 상   최정호 곽상원
아카데미 차상희

홈페이지 www.holywaveplus.com
이메일   hwpbooks@hwpbooks.com
출판등록 2008년 8월 21일 제2008-24호
주 소   (우) 04114 서울특별시 마포구 신촌로28가길 29
전 화   02) 2652-3161
팩 스   02) 2652-3191

ISBN 979-11-6129-269-4 93230